Knoll und Patze Verlag

Mut zur Improvisation

Ungewöhnliche Tools für Beratung und Coaching

von Charlotte Cordes

Knoll und Patze Verlag

www.provokativ.com
www.knollundpatze.de

Bibliografische Information der Deutschen Nationalbibliothek
Die Deutsche Bibliothek verzeichnet diese Publikation in der Deutschen Nationalbibliografie; detaillierte bibliografische Informationen sind im Internet über http://dnb.ddb.de abrufbar.

Bibliographic information published by Die Deutsche Nationalbibliothek
Die Deutsche Bibliothek lists this publication in the Deutsche Nationalbibliografie; detailed bibliographic data are available in the Internet at http://dnb.ddb.de.

5. Auflage 2018

Geschäftsstelle: Hofbrunnstr. 78, 81477 München

Illustrationen, Konzeption, Layout: Lisa Höfner, München

Bestellung und Vertrieb: Nova MD GmbH, Vachendorf
Druckerei: Sowa Sp. z o.o.
ul. Hrubieszowska 6a | WARSZAWA, 01-209, Polen

ISBN 978-3-96443-640-5

Inhalt

„To teach drama is really to teach social skills"
(Keith Johnstone)

Einleitung

Schuld daran ist meine Mutter. Sie war es, die 1995 das Buch von Keith Johnstone – einem DER Wegbereiter des Improvisationstheaters – geschenkt bekam. Sie war es auch, die dieses Buch 1997 endlich las, nachdem es zwei Jahre unberührt auf einem Tisch neben ihrem Bett gelegen hatte. Sie war es, die Keith Johnstone daraufhin sofort nach München holte und ein Seminar mit ihm organisierte. Und sie war es, die die ganze Familie – also auch mich – auf dieses Seminar schleppte. Seitdem bin ich süchtig, süchtig nach Impro und der Philosophie, die hinter dieser Theaterform steckt. Süchtig wie nach einer Droge. Eine Droge, die auf humorvolle Art und Weise mutig macht, so mutig, dass ich mich nicht nur seit Jahren auf die Bühne, sondern auch in die unterschiedlichsten Menschenansammlungen (Firmen, Schulen, etc.) traue, um dort die Impro-Philosophie weiterzugeben.

Für diejenigen, die nicht wissen, was Improvisationstheater ist: Im Gegensatz zu einer normalen Theateraufführung sind bei dieser Theaterform keine Inhalte einstudiert. Im Zusammenspiel zwischen Publikum und Schauspielern[1] entsteht auf der Bühne ein Potpourri aus improvisierten Geschichten – Geschichten, die es vorher noch nie gab und die es in dieser Form auch nie wieder auf einer Bühne geben wird.

[1]Anmerkung: Aus Gründen der besseren Lesbarkeit wird im ganzen Buch einheitlich die männliche Form der Anrede verwendet. Natürlich sind die Damen immer mit eingeschlossen.

In der ersten Hälfte des Buches geht es um...

- ...Impro und die vier Schwerpunkte, die in der Philosophie dieser Theaterform stecken:
  1. „Bleiben Sie locker, wenn etwas daneben geht"
  2. „Spielen Sie mit Ihrem Status"
  3. „Bleiben Sie im Hier und Jetzt"
  4. „Seien Sie wohlwollend und inspirieren Sie andere"
- ...den Zusammenhang zwischen diesen vier Schwerpunkten und der ganz normalen Alltagskommunikation

und

- ...die positive Wirkung, die die Integration der vier Schwerpunkte im Alltag auf den Umgang mit anderen Menschen hat.

In der zweiten Hälfte des Buches bekommen Sie...

- ...viele praktische Werkzeuge, mit denen Sie anderen die vier Impro-Schwerpunkte vermitteln können.

Wenn Sie – geschätzter Leser – all das nicht brauchen, weil Sie in der glücklichen Lage sind, vor nichts und niemandem Angst zu haben, dann vergessen Sie alles, was sie gerade gelesen haben. Verbrennen Sie dieses Buch, werfen Sie es in den Müll, oder schenken Sie es jemandem, der nicht schon so mutig ist wie Sie selbst. Für alle anderen gilt: Lesen Sie weiter. Lassen Sie sich von der Kunst der Improvisation verführen, und freuen Sie sich auf überraschende Wirkungen!

Teil I: Die Grundlagen

Das Improvisationstheater

Ein wichtiger Wegbereiter

Einen bedeutenden Grundstein für die meisten Formen des Improvisationstheaters, die heute weltweit auf den verschiedensten Bühnen gespielt werden, bilden die Schauspielübungen Keith Johnstones. Als er diese Übungen und Spiele in den 1960er Jahren entwickelte, war er ein bekannter Dramaturg am Royal Court Theater in London. Allerdings litt er nach eigenen Angaben unter dem zunehmenden Erfolgsdruck, der von außen an ihn gestellt wurde. Die Angst davor, nicht mehr erfolgreich zu sein, erzeugte bei ihm irgendwann so viel Stress, dass ihm gar nichts mehr einfiel. Seine Kreativität war auf dem Nullpunkt angelangt. Aus dieser „Not" heraus begann er, Impro-Methoden zu entwickeln, mit denen er nichts anderes im Sinn hatte als seine verlorengegangene Kreativität wieder auszugraben. Das ist ihm gelungen und noch vieles mehr. Er löste eine Welle aus, die zur Folge hatte, dass immer mehr Improgruppen gegründet wurden, die immer mehr seiner Impro-Spiele auf immer mehr Bühnen mit immer mehr Erfolg spielten und bis heute spielen.

Was ist so faszinierend an Impro? Warum werden immer mehr neue Gruppen gegründet, die regelmäßig vor Publikum improvisieren, auch wenn es sich bei den Gruppenmitgliedern sehr oft nicht um ausgebildete Schauspieler handelt?

Die Antwort lautet: Die Techniken aus dem Improvisationstheater reduzieren Ängste und bewirken euphorische, energiegeladene Zustände. Denn mit Hilfe von Improvisationstheatertechniken lernen die Spieler, ihre Konzentration NICHT darauf zu richten, dass sie gerade auf der Bühne stehen und einem Publikum etwas Improvisiertes vorspielen müssen, was auch noch kreativ sein soll. Stattdessen liegt ihr Fokus auf anderen Dingen, z.B. ihren Mitspielern oder irgendwelchen Requisiten. Die Folge ist, dass gute Geschichten ganz ohne Anstrengung wie von selbst entstehen können.

Mein Impro

Keith Johnstone ist ein Riese. Ein Riese, der immer schwarz trägt. Schwarzer Pulli, schwarze Hose und riesige braune Hausschuhe. Manchmal auch riesige weiße Turnschuhe. In diesem Outfit sah ich ihn zum ersten Mal als er in den Seminarraum schlurfte. Dabei murmelte er die ganze Zeit: „Hmmm... ich weiß nicht so genau, wie ich anfangen soll ...hmmmm.... vielleicht sollte ich...hmmm... oder vielleicht ...hmmm...." Ich war irritiert. Das sollte DER Keith Johnstone sein? Dieser Berg von einem Mann, der völlig ziellos das Seminar begann? Doch sein Gestammel nahm uns von Anfang an Druck, Druck gut sein zu müssen. Das Verwirrspiel war Taktik, eine Taktik, die sich durch das ganze Seminar zog. 20 Sekunden. So lange sollten Freiwillige Übungen vormachen. Nicht länger. Das klang machbar. Auch für Anfänger wie uns. Wir spielten eine Minute, zwei Minuten, drei

Minuten, vier Minuten. Dann stoppte uns Keith, holte uns von der Bühne. Überraschte Gesichter. Vier Minuten? So lange? Wir wurden mutiger. Immer mutiger. „Kennt Ihr die nächste Übung?" fragte Keith. „Nein". „Warum solltet Ihr dann gut darin sein?" Das klang plausibel. Ein Freund, der sich zuvor niemals freiwillig vor Leuten präsentiert hatte, sprang nach vorne. Und er spielte Szenen. Einfach so. Ohne Angst. Er war gut. Sehr gut sogar. Er war nicht mehr zu bremsen. Wir alle nicht. Wir wollten mehr. Vergaßen das Publikum. Spielten. Wollten eine Improgruppe gründen. Wollten die Philosophie in die Welt hinaus tragen. Wollten sie als einzige Wahrheit verkünden. Wollten missionieren. Wir waren kaum zu ertragen, für Außenstehende.

Und wir gründeten eine Improgruppe. Ecstasy für Arme. Impro, die Droge, die süchtig macht und nichts kostet. Ein Name, der nachts um drei in einer WG-Küche entstanden ist, im Improwahn. Wir meinten es wirklich ernst. Unsere Freunde und unsere Familien belächelten uns. „Das geht vorbei! Die spinnen nur rum!" Aber es ging nicht vorbei. Ein paar Wochen später traten wir zum ersten Mal vor zahlendem Publikum auf. Das Publikum bestand hauptsächlich aus unseren Freunden, die nur uns zuliebe gekommen waren. Und Sie fanden uns gut. Sie wollten sogar eine Zugabe. Wow! Wenn ich mir heute den ersten Auftritt auf Video anschaue, kann ich kaum verstehen, warum. Im Nachhinein ist das eher peinlich, was wir fabrizierten. Unbeholfene Moderationen und gestelzte Geschichten. Aber wir hatten Spaß und kannten keine Angst. Todesmutig stürzten wir uns in die Szenen. Das gefiel dem Publikum. Die Auftritte wurden regelmäßiger. Wir blieben risikofreudig, indem

wir immer wieder neue Elemente in die Shows einbauten. Plötzlich hatten wir Fans, richtige Fans, nicht nur unsere uns ohnehin wohlgesonnenen Freunde. Neue Menschen, die immer wieder kamen, um UNS zu sehen, nur uns. Dann kamen Anfragen, dass andere von uns lernen wollten. Von uns, den Laien, die nur nebenher ein bisschen improvisierten. Wir überwanden unseren Schweinehund und trauten uns auch in die Industrie.
Beim ersten Managementtraining war ich 25 und wahnsinnig nervös. Vor mir saßen 20 Führungskräfte, fast alle männlich und doppelt so alt wie ich. Sie waren vom Chef zu meinem Seminar verdonnert worden. Als ich in den Seminarraum kam, musterten mich 17 Männer und drei Frauen mit verschränkten Armen und skeptischen Blicken. Blicke, die sagten: „Schon wieder so ein komisches Training und dann auch noch mit so einem jungen Huhn. Was will DIE uns bloß beibringen?" Jetzt bloß nicht verunsichern lassen. Mutig bleiben. Hoffentlich riecht keiner meinen Angstschweiß, der mir in Bächen die Achseln herunterläuft. Ich kam mir vor wie ein Dompteur im Zirkus. Ich begann. Führte mit der Gruppe Übungen zu den vier Impro-Schwerpunkten durch („Bleiben Sie locker, wenn etwas daneben geht", „Spielen Sie mit Ihrem Status", „Seien Sie im Hier und Jetzt", „Seien Sie wohlwollend und inspirieren Sie andere") und langsam, ganz langsam entfalteten sich die Arme und glätteten sich die Stirnfalten. Puuuh. Geschafft. Ich hatte sie im Boot. Weitermachen. Immer weiter. Mut machte sich breit. Die Freiwilligen waren nicht mehr zu bremsen. Die Impro-Droge schien auch hier zu wirken. Ich war überrascht, total erleichtert und fix und fertig, aber

sehr, sehr glücklich. In dieser Nacht schlief ich 15 Stunden am Stück. Die Firma kam wieder. Und andere kamen dazu und kommen immer noch. Und ich: Ich brauche weniger Schlaf; nach meinen Seminaren. Ich strotze vor Energie, so wie meine Teilnehmer. Ein gigantisches Gefühl.
Inzwischen spiele ich seit über 15 Jahren Improvisationstheater, aktuell bei der Gruppe ‚Impro Goes Loose' und mache fast genauso lange Trainings und Workshops mit Improelementen. Ich komme einfach nicht mehr davon los.

Die Philosophie von Impro

Impro-Geschichten, d.h. gute Bühnen-Kommunikation, kann nur entstehen, wenn die Beteiligten die folgenden angstreduzierenden Punkte beachten:

- Sie bleiben locker, wenn etwas daneben geht
- Sie sind in der Lage, mit Ihrem Status zu spielen
- Sie bleiben im Hier und Jetzt
- Sie sind wohlwollend und inspirieren andere

Nur, wenn Impro-Spieler diese vier Punkte berücksichtigen, wird die Bühne zu einem sicheren Ort, an dem sich die Akteure angstfrei bewegen und mit Lust Theater spielen. Die Folge ist, dass die Schauspieler risikofreudiger werden, dass ihre Kommunikation untereinander auf der Bühne fließt und dass kreative Geschichten wie von selbst entstehen können.
Techniken aus dem Improvisationstheater eignen sich

deshalb hervorragend, um die Kommunikationsfähigkeit von – egal welchen – Menschen zu verbessern. Die Art und Weise, wie Improtechniken greifen, ist dabei unkonventionell, da Menschen zwar auch auf der rationalen Ebene, aber insbesondere emotional erreicht werden: Anhand von Impro-Übungen erfährt jeder einzelne am eigenen Leib, wie es ist, wenn man bei Fehlern entspannt bleibt, wenn man verschiedene Status-Ebenen ausprobiert, wenn man sich im Hier und Jetzt befindet und wenn man anderen wohlwollend und inspirierend gegenübertritt.

Bleiben Sie locker, wenn etwas daneben geht

Eine unserer größten Ängste ist die Angst davor, zu versagen, v.a. in Situationen, in denen wir unter keinen Umständen scheitern wollen (z.B. auf der Bühne, in Vorstellungsgesprächen, beim Halten einer Rede, in Gehaltsverhandlungen, beim Hauskauf oder auch bei der richtigen Partnerwahl). Da der Erfolgsdruck aber gerade in solchen Momenten extrem hoch ist, fahren wir genau dann den Karren mit großer Wahrscheinlichkeit an die Wand. Es sei denn, wir sehen uns in der Lage, humorvoll mit unseren eigenen Schwächen und Unzulänglichkeiten umzugehen. Dann ist die Chance groß, dass wir entspannt sind, weniger Fehler machen und wichtige Ereignisse im Leben mit Bravour meistern, NICHT nur einen Impro-Auftritt.
Als wir 1999 mit unserer Improvisationstheatergruppe „Ecstasy für Arme" unsere ersten Auftritte hatten, beherrschten wir den Grundsatz: „Bleib locker, wenn etwas daneben geht" theoretisch perfekt. Praktisch waren wir

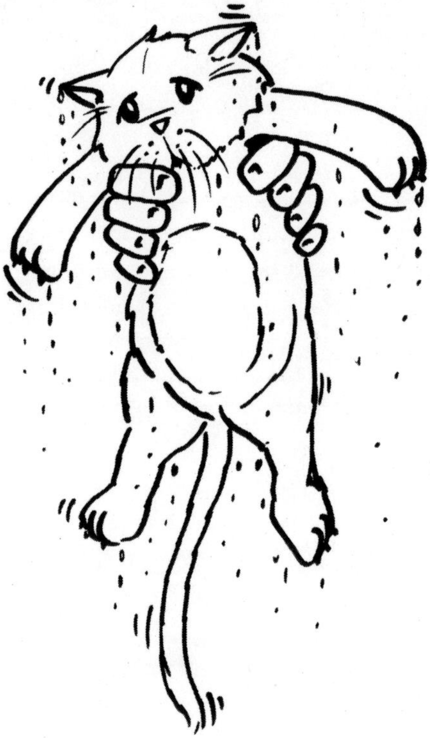

Bleiben sie locker, wenn etwas daneben geht

jedoch blutige Anfänger. Voller Ängste, verkrampft und unter Druck. Prompt gingen immer wieder Szenen komplett schief. Und wir ärgerten uns darüber. Sofort ging die nächste Szene den Bach hinunter.
Um diesen Teufelskreis zu unterbrechen, kam uns folgende Idee: Bei der nächsten Szene, die schief zu gehen drohte, sagte einer von uns laut „Stop!" zu den anderen Spielern. Diese froren sofort in ihrer Bewegung ein. Der Stop-Rufer drehte sich zum Publikum und sagte lachend (WICHTIG!): „Wollt Ihr das wirklich sehen?" Das Publikum brüllte ebenfalls lachend: „Neiiiin! Was anderes!" Und wir begannen eine neue Szene. Wir mussten diesen Trick danach nur noch ganz wenige Male einsetzen. Die Szenen wurden automatisch besser, da die Angst, etwas falsch zu machen, rapide abnahm. Das Publikum gibt uns auch heute noch regelmäßig das Feedback, dass sie uns deshalb besonders schätzen, weil wir über unsere eigenen Fehler lachen können (jedenfalls meistens), ohne dabei die Geschichten aus den Augen zu verlieren (auch meistens).
Solche und ähnliche Tricks funktionieren auch im Alltag. Wir müssen uns nur immer wieder ins Gedächtnis rufen, dass Fehler nicht etwas fürchterlich Angsteinflößendes sind und vermieden werden sollten wie die Pest, sondern sogar notwendig, wenn wir im Leben weiterkommen wollen. Ingrid Steeger sagte in der berühmten Fernsehserie „Klimbim" nicht umsonst: „Aus Fehlern wird man klug. Deshalb ist einer nie genug." Das erfordert Umdenken. Denn bereits als Kind lernen wir, dass Fehler schlecht sind. Wer Fehler macht, ist ein Versager, der es niemals zu irgend etwas bringen wird. Spätestens im Kindergarten versuchen alle

gutmeinenden Menschen, die uns umgeben, unsere Talente zu fördern. Wir bekommen einen Klavierlehrer, besuchen Malkurse und müssen, äh...dürfen jede erdenkliche Sportart ausprobieren. Am besten an jedem Nachmittag. Viele Eltern achten streng darauf, dass keine Minute vergeudet wird mit Spielen oder womöglich mit Nichts-Tun. Aus uns soll doch etwas werden. Wir sollen es schließlich einmal besser haben als sie selbst. Wenn wir arme Würmer dabei vor lauter Leistungsdruck noch bis in die Pubertät hinein nachts ins Bett pinkeln, uns vor dem Schlafengehen 20x die Hände waschen und jeden Morgen vor Verlassen des Hauses den Zwang verspüren, alle Sachen in unserem Zimmer gerade zu rücken, um auch sicher zu gehen, dass sie richtig stehen, werden wir von unseren Eltern bestraft. Wir bekommen Hausarrest oder Taschengeldentzug für mindestens einen Monat, damit so etwas nicht wieder passiert. Wenn das alles nichts hilft, werden wir beim Psychotherapeuten zur Reparatur abgegeben, oder geben uns selbst dort ab. Denn Defekte sind nicht erlaubt in einem perfekten karriereorientierten Leben. So wachsen wir heran, immer mit dem Ziel vor Augen, mit 25 ein abgeschlossenes Studium inkl. Doktortitel in der Tasche zu haben, bereits einige Jahre Berufserfahrung vorzuweisen und mehrere Fremdsprachen fließend zu sprechen. Nur dann sind wir gerüstet für die Welt da draußen und erfüllen die Anforderungen, die heute in jeder Stellenanzeige aufgezählt werden. Gleichzeitig ist es natürlich wichtig, dass auch unser Privatleben fehlerfrei verläuft: Wir finden den perfekten Partner und leben eine Beziehung, in der der kommunikative Austausch an oberster Stelle steht, auf gesunde Ernährung

Wert gelegt, Sport getrieben und natürlich einer Menge kreativer Hobbies nachgegangen wird. Außerdem haben wir selbstverständlich eine riesige Anzahl an Freunden, mit denen wir vieles unternehmen. Da Fehler etwas so Grauenvolles sind, müssen wir uns bestrafen, wenn sie doch einmal passieren. Auf keinen Fall dürfen wir unsere Vergehen mit Humor nehmen. Wie würde das denn aussehen? Das ist schließlich ein bitterernstes Thema.
So ironisch das klingen mag, ist dieses Denken doch sehr verbreitet. Das merke ich v.a. in Seminaren. Aus Angst davor, etwas falsch zu machen, blocken die Teilnehmer anfangs tendenziell alles ab, was von anderen kommt („Ich kenne Sie nicht", „Ich finde Deinen Vorschlag nicht gut und würde lieber etwas anderes machen", etc.). Sie finden alle Handlungen, die in Szenen passieren, schrecklich („Iiiii, es regnet", „mir ist schlecht", „ich will das nicht", etc.) und wehren sich mit aller Gewalt dagegen, ihre Mitspieler als Personen zu definieren, die sie kennen könnten („Du bist nicht mein Vater, meine Geliebte, meine Tochter," etc.). Wenn von außen (in dem Fall von mir) nicht eingegriffen wird („doch, Du kennst ihn", „doch, sein Vorschlag ist gut", „nein, es regnet nicht", etc.), entwickeln sich leicht Dialoge wie z.B. folgender:

Spieler A: „Es regnet. Mir ist kalt."

Spieler B: „Es regnet doch gar nicht. Und wer sind Sie überhaupt?"

Spieler A: „Wir saßen doch in der Schule nebeneinander."

Spieler B: „Das kann nicht sein. Ich saß immer alleine." etc.

Andererseits ist der Druck groß, etwas besonders Kreatives zu sagen. Die Folge: Es passiert gar nichts. Die Szenen sind negativ, uninspiriert und langweilig. Die Spieler sind frustriert und geißeln sich innerlich mit ihrer Für-Fehler-Muss-Ich-Mich-Bestrafen-Peitsche. Sobald die Teilnehmer aber merken, dass sie beim eigenen Versagen z.B. von den anderen bejubelt werden, entspannen sie sich sehr schnell, gehen zunehmend größere Risiken ein, machen weniger Fehler und werden immer kreativer.

Ein Beispiel: In einem meiner Führungskräftetrainings sollte eine Italienerin eine Rede zu einem Fachthema auf Englisch halten, nachdem ich eine Übung zum Thema „Bleiben Sie locker, wenn etwas daneben geht" mit der Gruppe durchgeführt hatte. U.a. ging es in dieser Übung darum, dass man für Fehler nicht bestraft wird, sondern von seinem Team Applaus bekommt. Die einleitenden Worte ihrer Rede waren nach diesem Übungsblock: „My English is not very good. So, please clap your hands when I make a mistake."[2] Das Auditorium lachte und klatschte sofort, die Rednerin entspannte sich in dem Moment sichtlich und machte in ihrer ganzen Rede keinen einzigen Fehler.

Kinder praktizieren das „Bleib locker, wenn etwas daneben geht", das wir uns mühsam wieder antrainieren müssen, ganz automatisch. Keith Johnstone sagt oft in seinen Seminaren, dass Kinder als Fragezeichen in die Schule kommen, d.h. sie haben keine Angst vor dummen Fragen, keine Angst davor, etwas falsch zu machen. Sie fragen einfach und lernen dadurch dazu. Sie sind entspannt und kreativ. Wenn sie die Schule verlassen, sind sie ein großes

---

[2] „Mein Englisch ist nicht sehr gut. Bitte klatschen Sie, wenn ich einen Fehler mache."

Ausrufezeichen, d.h. sie trauen sich nicht mehr, Fragen zu stellen, aus Angst, etwas falsch zu machen. Sie sind blockiert und unkreativ. So werden wir also in die Welt hinausgelassen. Wir gehen in jeder Lebenslage auf Nummer sicher. Lieber sagen wir „nein!" zu einer neuen Herausforderung als das Risiko einzugehen, zu scheitern. Wir scheinen folgenden Grundsatz völlig vergessen zu haben: Man braucht sich nicht zu schämen, wenn man lernt, was man noch nicht weiß.

Spielen Sie mit Ihrem Status

In Abwandlung von Watzlawicks berühmtem Satz „Man kann nicht nicht kommunizieren", könnte man ergänzen „Man kann nicht ohne Status kommunizieren." Denn sobald wir verbal oder nonverbal mit anderen Menschen in Beziehung treten, spielt, ob wir das wollen oder nicht, das Thema Status eine Rolle. Begegnen wir jemandem mit aufrechter Haltung oder leicht gebückt? Gibt uns ein anderer zur Begrüßung mit einem kräftigen oder leichten Händedruck die Hand? Schauen wir jemandem bei einem Gespräch in die Augen oder vermeiden wir jeglichen Blickkontakt? Spricht ein anderer laut oder leise mit uns? Wenn wir nicht in der Lage sind, uns aus einem bestimmten Status heraus zu bewegen, kriecht uns schnell die lähmende Angst den Nacken hinauf, sobald wir gezwungen werden, unseren bevorzugten Status zu verlassen. Aus dieser Angst-Sackgasse kommen wir nur heraus, wenn wir ein Gespür für Status entwickeln und lernen, mit verschiedenen Status-Ebenen zu spielen, NICHT nur auf der Bühne.

Spielen Sie mit Ihrem Status

Zu Beginn unserer Bühnenkarriere verfiel ich immer, wenn ich auf der Bühne Angst bekam und nicht mehr weiter wusste, in den Tiefstatus. Ich spielte dann plötzlich den Charakter einer armen, schwachen Frau oder eines armen, schwachen Tieres. Alle Mitspieler mussten sich um dieses arme, schwache Etwas kümmern. Das war für mich sehr bequem, weil ich die Verantwortung für die weitere Handlung der Geschichte an die anderen abgab und nur noch reagieren musste. Für die anderen war das eher anstrengend. Irgendwann beschlossen meine Mitspieler, mich immer zu „erschießen", wenn ich in meine Tiefstatus-Starre verfiel. Sie holten eine imaginäre Pistole heraus, feuerten auf mich ab und rechtfertigten vor dem Publikum irgendwie, warum das jetzt nötig war, z.B. „...damit sie nicht mehr leiden muss," o.ä. Ich hatte also nur EINE Chance, weiterspielen zu dürfen: Ich musste irgend etwas anderes machen als zu einer Tiefstatus-Figur zu mutieren. Nach einigen Todesschüssen, die mich auf der Bühne trafen, gelang mir das auch immer besser. Motivierend war, dass mich die anderen immer sehr bestärkten, wenn ich nicht in meinen Tiefstatus-Standard verfiel. Heute passiert es mir nur noch selten, dass ich in mein Erschieß-Muster ableite, und wenn, dann reicht es meist, wenn ein Mitspieler grinsend zu einer imaginären Pistole ansetzt, und ich reiße mich sofort zusammen und spiele etwas anderes. Ich übernehme die Eigenverantwortung für die Szene.

Status spielt – ob wir das wollen oder nicht – nicht nur in der Bühnenkommunikation, sondern auch im Alltag eine große Rolle. Mit wem auch immer Sie in Kontakt treten, Sie befinden sich zu den anderen und die anderen zu Ihnen in einem bestimmten Status. Menschen im Tiefstatus zeigen in der Regel eine oder mehrere der folgenden Verhaltensweisen:

- Sie vermeiden Blickkontakt
- Sie fassen sich selbst ins Gesicht
- Sie gehen gebeugt
- Sie lächeln schüchtern
- Sie halten den Kopf leicht schief
- Sie sprechen leise und undeutlich
- Sie haben einen schwachen Händedruck
- etc.

Menschen im Hochstatus wählen in der Regel eine oder mehrere der folgenden Verhaltensweisen:

- Sie berühren andere bei der Begrüßung
- Sie halten Blickkontakt
- Sie gehen aufrecht
- Sie sprechen laut und deutlich
- Sie haben einen kräftigen Händedruck
- etc.

Egal ob Hoch- oder Tiesfstatus: Statusebenen sind natürlich keine festen Größen, sondern können sich im Verlauf des Gesprächs verändern. Auch gibt es zwischen Hoch- und Tiefstatus die unterschiedlichsten Abstufungen.

Wichtig ist aber eines: Statusebenen sind wertfrei, d.h. sowohl Hoch- als auch Tiefstatus können positive oder negative Wirkungen auf andere haben. Ein positiver Hochstatus kann z.B. ein Popstar sein, der die Massen in seinen Bann zieht oder ein Chef, der eine sehr wohlwollende Ausstrahlung hat. Ein negativer Hochstatus kann sich in einem herumbrüllenden Militäroffizier oder einem Chef, der mit Angst und Schrecken „regiert", manifestieren. Ein positiver Tiefstatus kann ein freundlicher und bescheidener Mitarbeiter sein, während es sich bei einem negativen Tiefstatus um einen Jammerlappen, d.h. einem typischen „Opfer" der äußeren Umstände, handeln kann.

Alle Statusebenen, sowohl Hoch- als auch Tiefstatus können Power haben, auch der Tiefstatus, von dem man es spontan nicht erwarten würde. So kümmern sich z.B: meist eine Vielzahl von Menschen um einen traurigen Jammerer und versuchen, ihn mit allen Überredungskünsten aus der Reserve, also aus seinem Tiefstatus, zu locken. Er hat auf diese Weise (bewusst oder unbewusst) alle um sich herum im Griff und bekommt ein riesiges Maß an Aufmerksamkeit, so wie ich auf der Bühne, bevor ich regelmäßig erschossen wurde. Auch ein typisches Weibchen, das mit großen Augen und schiefgelegtem Kopf einen starken Mann darum bittet, ihr Fahrrad zu reparieren, erreicht mit ihrem Tiefstatus oft, was sie will.

Sie sehen also: Wenn Sie in der Lage sind, mit Ihrem Status zu spielen (z.B. auch mal einen Tiefstatus einnehmen können), wird Ihre Kommunikationsfähigkeit optimiert.

Probieren Sie es einfach einmal aus: Gehen Sie zum Bäcker und kaufen Sie Brötchen. Machen Sie das am ersten Tag im Tiefstatus, d.h. geben Sie mit gebückter Körperhaltung, leiser Stimme und den Blickkontakt meidend Ihre Bestellung auf. Am nächsten Tag machen Sie dasselbe im Hochstatus, d.h. gehen Sie aufrecht in den Laden, halten Sie Blickkontakt zu anderen und geben Sie freundlich, aber laut und deutlich ihre Bestellung auf. Sie werden sehen, wie anders Sie sich fühlen und wie unterschiedlich die Reaktionen Ihrer Mitmenschen auf Sie sind. Es empfiehlt sich allerdings nicht, in jeder Situation jeden x-beliebigen Status einzunehmen. Ich würde Ihnen z.B. nur dann raten, am Flughafenzoll im Hochstatus aufzutreten, wenn Sie zu viel Zeit übrig haben. Antworten Sie dann einfach in ironischem Ton auf die obligatorische Frage, ob Sie eine Bombe dabeihaben: „Klar, und nicht nur das, sondern auch Maschinengewehre, Messer und Giftgassprays!" Sie werden garantiert zwei Stunden lang bis auf die Unterhose gefilzt. Einer meiner abenteuerlustigen Freunde hat es ausprobiert. Ein devoter Tiefstatus hätte ihn in dieser Situation schneller ans Urlaubsziel gebracht.

Wenn Sie einen Job auf keinen Fall bekommen möchten, dann rate ich Ihnen, zum Vorstellungsgespräch im Tiefstatus ins Zimmer zu kriechen. Meiden Sie Augenkontakt, sprechen Sie möglichst leise, fummeln Sie sich ständig mit ihren Händen im Gesicht herum, und fallen Sie über jede Teppichecke oder Türschwelle. Ihr zukünftiger Chef wird sie vielleicht ganz sympathisch finden („Oh, wie süß!"), aber hält er Sie auch für kompetent? Vermutlich nicht. Ein etwas höherer Status hätte die Chancen auf Einstellung erhöht. Aber übertreiben Sie es nicht. Wenn Sie so tun, als wären Sie der Herr im Haus, könnte es sein, dass der

zukünftige Chef Angst vor Ihnen bekommt und denkt, dass Sie ihm seinen Job streitig machen wollen.
Doch Achtung: Mir geht es nicht darum, Ihnen zu sagen, dass Sie nicht mehr Sie selbst sein und sich hinter verschiedenen Statusebenen verstecken sollen, um Ihre Mitmenschen schamlos zu manipulieren. Genausowenig wie ich Ihnen sagen möchte, dass ein Hoch- bzw. Tiefstatus IMMER so und so ist und IMMER die und die Wirkung auf andere hat.
Wie bei vielen Dingen im Leben gibt es keine allgemeingültige Regel, welcher Status IMMER einzunehmen ist, um IMMER etwas Bestimmtes zu erreichen. Mir geht es darum, Ihnen zu vermitteln, dass ein wesentliches Element jeder Kommunikation der Status ist und Ihre Aufmerksamkeit darauf zu lenken, dass Sie sich das Leben erleichtern, wenn Sie in der Lage sind, mit verschiedenen Statusebenen zu spielen. Mehr nicht.
Wenn es Ihnen schwer fällt, mit Ihrem Status zu spielen, sind Sie nicht abnormal und gestört. Die meisten Menschen bevorzugen einen bestimmten Status, weil sie mit ihm möglicherweise schon sehr viel erreicht haben. Problematisch wird ein festgefahrener Status erst dann, wenn Sie vor lauter Angst nicht in der Lage sind, diesen zu verlassen. Das löst dann früher oder später Probleme in der Kommunikation mit Ihren Mitmenschen aus, v.a. wenn Sie auf Menschen treffen, die einen Status einnehmen, mit dem Sie Schwierigkeiten haben.
Ich erlebe das oft in Seminaren mit ranghohen Managern, die in der Regel von Haus aus eher zu den Hochstatus-Typen gehören. Diejenigen, denen es gelingt, trotz ihrer

Chef-Position auch mal in den Tiefstatus zu gehen, sind in der Regel beliebter und erfolgreicher als diejenigen, die das nicht einmal in einer kurzen Impro-Szene schaffen.
In welchem Status höre ich jetzt dieses Kapitel auf? Krieche ich geduckt von meinem Computer weg in Richtung Küche? Gehe ich selbstbewusst und mit geradem Oberkörper zum Einkaufen? Rufe ich mit schwacher Stimme meine Mutter an? Schreie ich meinen Mann autoritär zusammen? Oder versuche ich, mit einem weiblichen Tiefstatus-Augenaufschlag einen günstigeren Preis bei meiner Autowerkstatt herauszuschlagen? Mal sehen.

Bleiben Sie im Hier und Jetzt

Eine weitere Angst, die uns immer wieder schüttelt, ist die Angst, die Kontrolle zu verlieren. In fast jeder Sekunde unseres Lebens befinden wir uns mental in der Vergangenheit oder in der Zukunft. Ganz selten und nur, wenn wir uns bewusst darauf konzentrieren, sind wir sowohl körperlich als auch geistig in der Gegenwart und nehmen den jetzigen Augenblick tatsächlich wahr. Den Rest der Zeit sind wir damit beschäftigt, unseren Job und unser Privatleben zu planen und zu organisieren. Durch diese ewige Zeiten-Kontrolle kann es passieren, dass wir gelegentlich Dinge übersehen, die im Moment um uns herum passieren, Dinge, die möglicherweise auch unsere festgelegten Pläne verändern und dadurch positiv beeinflussen könnten, NICHT nur im Rahmen einer Impro-Geschichte.
Impro-Spieler, die nicht im Hier und Jetzt sind, sondern zu Beginn einer Szene eine bestimmte Idee im Kopf haben

und auf ihr beharren, verlieren sehr schnell ihre(n) Mitspieler aus den Augen.
Szenen beginnen dann z.B. so:

Spieler A: „Herr Schaffner, hier ist meine Fahrkarte."

Spieler B: „Aber Mama, seit wann nennst du mich Schaffner."

Spieler A: „Ich habe keine Mutter."

Spieler B: „Jetzt reiß Dich doch mal zusammen. Erkennst du deinen eigenen Sohn nicht mehr?" usw.

Die Szene stagniert.

Hören sich die Spieler gegenseitig zu, verlaufen die Geschichten in der Regel ganz anders, z.B.

Spieler A: „Herr Schaffner, hier ist meine Fahrkarte."

Spieler B: „Danke sehr. Sagen Sie mal. Kenne ich Sie nicht?"

Spieler A: „Ehrlich?"

Spieler B: „Ja, ich habe gestern etwas über Sie in der Zeitung gelesen. Sie haben doch dieser alten Dame aus Hamburg das Leben gerettet."

Spieler A: „Ich hätte nie gedacht, dass mich darauf jemand anspricht." usw.

Auch wenn die Spieler bei Betreten der Bühne ganz andere Pläne im Kopf hatten, werfen sie in diesem Beispiel spontan ihre Pläne über Bord und gehen im Hier und Jetzt

aufeinander ein. Sie schaffen dadurch eine Beziehung zueinander, die die Basis für eine gute Geschichte ist.
Auch im Alltag gilt dieses Prinzip: Wenn Sie mit einem bestimmten Ziel in ein Meeting gehen und versuchen, es ohne Rücksicht auf Verluste durchzusetzen, werden Sie dieses Ziel zwar vielleicht erreichen, aber sinnvolle Modifizierungsvorschläge von anderen überhaupt nicht mehr wahrnehmen.
Das extremste Beispiel, das ich in diese Richtung erlebt habe, lieferte der Chef einer Bekannten. Er schrieb das fertige Meeting-Protokoll immer schon VOR der jeweiligen Sitzung. Auf diese Weise konnte er sicherstellen, dass seine Ideen „durchgedrückt" wurden. Das erreichte er damit zwar, vergaß aber die Chance auf ein optimierte Lösung und vergiftete zusätzlich das Betriebsklima.
Beobachten Sie sich einmal, wenn Sie mit jemandem (z.B. einem Geschäftspartner, einem Freund, Ihrer Frau bzw. Ihrem Mann) zusammen sitzen und sich unterhalten. Wie oft sind Sie in Gedanken noch bei den Aktivitäten, die Sie vorher durchgeführt haben (z.B. der Vorbereitung Ihrer Präsentation, dem Mittagessen, dem Streit, den Sie mit Ihrem Partner hatten) oder den Plänen, die Sie nach dem Gespräch zu tun beabsichtigen (z.B. das nächste Meeting, das Einkaufen, das Abendessen), und wie häufig sind Sie wirklich gedanklich und körperlich bei Ihrem Gesprächspartner?
Da über 90 Prozent der Kommunikation nonverbal (über Mimik, Gestik, Tonfall, etc.) ablaufen, fällt Ihren Gesprächspartnern – wenn sie nicht alt und taub sind oder Sie sie einfach ohne Punkt und Komma „zutexten" möchten – sehr

Bleiben Sie im Hier und Jetzt

schnell auf, dass Sie nur mit halber Aufmerksamkeit bei Ihnen sind. Die Situation wird zum Stress für beide Seiten: Für Sie, weil Sie ständig das Gefühl haben, nichts mehr ganz, sondern alles nur halb mitzubekommen. Für Ihren Gesprächspartner, weil er sich von Ihnen nicht wertgeschätzt fühlt. Die Kommunikation erlahmt und ist nicht mehr inspirierend.

Beispiel: Erinnern Sie sich einmal an einen Abend, an dem Sie mit jemandem in einem Restaurant waren und danach sehr erfüllt (nicht nur vom Essen) und inspiriert nach Hause gekommen sind. Meistens stellt sich ein solches Gefühl ein, wenn sich jemand ehrlich für Sie interessiert hat und Sie sich umgekehrt auch für Ihren Gesprächspartner und seine Themen begeistern konnten, d.h. wenn die „Energien fließen". Redet jemand den ganzen Abend nur über sich selbst und sagt danach: „Ach, was haben wir uns gut unterhalten!", werden Sie sich vermutlich nicht mehr so schnell mit ihm treffen.

Anmerkung: „Im Hier und Jetzt sein" heißt nicht, dass Sie immer und überall in den Tag hinein leben und keine Ziele mehr im Leben verfolgen sollen. Es heißt eigentlich nur folgendes: Visieren Sie Ziele an (z.B. sie wollen mit dem Auto abends in ein Restaurant fahren), aber – und das ist der springende Punkt – beharren Sie nicht darauf. Seien Sie offen dafür, wenn Sie merken, dass auf dem Weg zum Ziel etwas passiert, was vielleicht noch besser ist, um Ihr Ziel zu erreichen (Sie fahren mit der U-Bahn und können so ein Bierchen am Abend trinken) oder es zu modifizieren (z.B. Sie gehen nicht in ein Restaurant, sondern beherzigen den

Tipp eines Freundes und gehen in ein Theaterstück, das nur heute läuft).

Seien Sie wohlwollend und inspirieren Sie andere

Gewöhnlich sind wir es nicht gewohnt, wohlwollend und inspirierend miteinander umzugehen. Wir lernen schon sehr früh, die „Mitspieler" in unserem Leben als Konkurrenten zu betrachten, die man nicht inspirieren und gut dastehen lassen, sondern lieber ausstechen sollte. Denn sonst – so unsere Angst – könnten die Mitstreiter uns übertrumpfen und erfolgreicher werden als wir selbst. Wir wiegen uns in der Illusion, dass die Spitze ein Stück näher rückt, wenn wir uns verhalten wie „Schweine". Dass wir durch dieses geringe Wohlwollen zu einsamen und ungeliebten Schweinen werden, übersehen wir geflissentlich, NICHT nur wie die „Rampensau" auf der Theater-Bühne.

Gute (Bühnen-)Kommunikation funktioniert nur, wenn die Spieler sich gegenseitig mit Wohlwollen behandeln und inspirieren. Sog. „Rampensau"-Impro-Spieler tun das nicht. Sie stürmen stets wie egomanische „Säue" nach vorne an die „Bühnenrampe" und bringen einen (meist lauten) Gag nach dem anderen. Leider nehmen sie dabei oft nicht wahr, dass ihre Witze auf Kosten der Geschichte, auf Kosten ihrer Mitspieler und nicht zuletzt auf Kosten des Publikums gehen.

Beispiele: Spieler A zum Publikum: „Sie da in der ersten Reihe, Sie sehen aus als wären Sie heute mit dem linken Fuß aufgestanden." Alle lachen (wahrscheinlich aus Er-

Seien Sie wohlwollend und inspirieren Sie andere

leichterung, weil der Witz nicht auf ihre Kosten ging). Der Zuschauer in der ersten Reihe fühlt sich vermutlich extrem vorgeführt. Oder Spieler A auf der Bühne in Interaktion mit Spieler B: A pflückt deutlich sichtbar imaginäre Blumen auf einer Blumenwiese. B kommt dazu, ignoriert das Blumenpflücken und sagt: „Hey. Ich sehe, Du bereitest unseren Wagen vor. Bitte setz Dich doch zu mir ins Auto und lass uns nach Wien fahren." A ist wie vor den Kopf gestoßen, weil seine Idee komplett niedergeblockt wurde. Er fühlt sich nicht inspiriert.

Die Folge solcher Aktionen: Frust im Publikum und bei den (Mit)Spielern. Die Geschichten enden in Sackgassen, und die anderen Spieler haben bald keine Lust mehr, mit einer Rampensau zusammen auf der Bühne zu stehen. Die Show behält einen faden Beigeschmack, auch für das Publikum.

Aber: Man kann solchen Rampensäuen ihr Verhalten nicht einmal vorwerfen. Denn das Publikum erzieht Impro-Spieler, leider oft in die falsche Richtung. Für gewöhnlich werden Gags beklatscht (und damit belohnt), auch wenn, oder gerade weil sie auf Kosten von anderen gehen. Die Rampensau-Spieler gewinnen dadurch die Überzeugung, dass sie ununterbrochen solche Gags liefern müssen, um Beifall zu bekommen. Sie verlieren dabei vollkommen aus den Augen, dass das Publikum sich nicht wirklich wohlfühlt, wenn es sich auf Kosten von anderen amüsiert. Es bleibt ein fader Nachgeschmack.

Solche Rampensäue gibt es nicht nur auf der Bühne, sondern überall, wo Menschen zusammenkommen, z.B. ein Chef, der über Leichen geht, um an die Spitze zu kommen oder ein Mitarbeiter, der immer nur Witze auf Kosten von anderen macht oder ein Kollege, der hinten herum agiert, um zu gewinnen, etc.

SIE und ICH sind natürlich frei von diesem säuischen Verhalten. Oder vielleicht doch nicht? Als ich im letzten Urlaub zusammen mit einer Freundin in Griechenland am Strand lag, stieg plötzlich eine wunderschöne junge Frau aus den Fluten. Sie sah aus wie ein Model. Sie war groß, schlank, braungebrannt, langbeinig, langhaarig und hatte einen tollen Busen. Zu allem Überfluss strahlte sie uns noch mit einem umwerfenden Lächeln und perfekten Zähnen an. Wie aus einem Mund sagten wir ohne nachzudenken folgenden höchst erleuchteten Satz: „Bestimmt hat sie nichts im Hirn!" Dann schauten wir uns an und mussten beide laut lachen. Es liegt uns offenbar im Blut, andere niederzumachen, um selber besser im Rampenlicht zu stehen. Den faden Beigeschmack, den ein solches Verhalten hat, ignorieren wir gerne.

Deshalb: Um produktiv mit jemandem zusammenzuarbeiten, ist es in erster Linie wichtig, dass Sie wohlwollend sind und Ihre Gesprächspartner inspirieren. Nur dann arbeiten diese gerne mit Ihnen zusammen und die Kooperation wird fruchtbar sein.

Die Frage, die immer an dieser Stelle gestellt wird, ist folgende: Wie können Sie jemanden mit Wohlwollen behandeln und inspirieren, den Sie absolut nicht ausstehen können, mit dem Sie aber zusammenarbeiten müssen, z.B. den wichtigen Kunden, den anstrengenden Kollegen oder die nervige Schwiegermutter.

Sie haben genau zwei Möglichkeiten:

- Das Verhältnis ist und bleibt vergiftet und unerträglich, und Sie bekommen über kurz oder lang ein Magengeschwür oder wechseln (besser) die Firma, die Schwiegermutter, ...

Oder:

- Sie ändern etwas an Ihrer Einstellung. Schon die alten Griechen wussten: „Wenn Du die Umstände nicht ändern kannst, musst Du Deine Einstellung ändern."

Versuchen Sie also, irgend etwas an Ihrem Gegenüber zu finden, das Sie für positiv halten. Das kann etwas Äußerliches sein (z.B. schöne Brille, schöne Augen, schöne Schuhe) oder eine Eigenschaft (z.B. Organisationstalent oder Teamfähigkeit). Wichtig ist, dass es ehrlich gemeint ist. Das ist das Schwierigste daran, weil wir nicht gewohnt sind, auf die Stärken von uns selbst und schon gar nicht auf die von anderen zu gucken, sondern immer nur auf Schwächen und Defizite. Die Folge ist oft Frustration bei allen Beteiligten.
Ein Beispiel: Herr H. war in den letzten Schuljahren der Kunst-Leistungskurs-Lehrer meiner damals besten Freundin. Er war der Ansicht, dass er die Kursteilnehmer auf keinen Fall zu viel loben durfte, sondern stattdessen die Schwächen ihrer Kunstwerke in den Vordergrund stellen musste. Denn bei zu viel positivem Feedback würden die Schüler ja denken – so argumentierte er – dass sie zu einer guten Leistung in der Lage wären und dann würden sie sich seiner Meinung nach auf ihrem Erfolg ausruhen und sich nicht mehr

anstrengen. Deshalb machte er sie lieber nieder oder lachte sie aus, wenn sie ihm stolz eines ihrer Kunstwerke präsentierten. Außerdem mussten sie sich ständig Kommentare anhören wie: „Ich bin eh noch viel zu nett zu Euch in meiner Notengebung! Das habt ihr gar nicht verdient,..." Immer mit dem Unterton: ."...bei dem Mist, den Ihr mir hier abliefert." Meine Freundin motivierte diese Art und Weise der Kommunikation so sehr, dass sie komplett die Lust verlor. Und sie war nicht die Einzige. Die Rate der zukünftigen Architektur- und Graphik-Design-Studenten sank im Laufe der Kollegstufe von fast 100% auf knapp zwei Prozent. Auch meine Freundin hat seit dem Abi so gut wie keinen Pinsel oder Stift mehr in die Hand genommen, um zu zeichnen. Hätte sich Herr H. auf die Stärken und nicht immer nur auf die Schwächen der Kunstwerke seiner Schützlinge konzentriert, hätten möglicherweise 90% der Kursteilnehmer ihre Kreativität behalten.

Sie können das selbst ausprobieren: Wenn Sie in der nächsten Zeit jemanden treffen, der sie nervt, konzentrieren Sie sich auf dessen positive Eigenschaften (z.B. „Hat schöne Schuhe an" oder: „Hat ein nettes Lachen"). Sie müssen diese positiven Sätze nicht einmal sagen. Es reicht, wenn Sie sie sich denken, sobald Sie mit der Person reden. Sie werden sehen, dass sich Ihre eigene Ausstrahlung und dadurch das Verhalten Ihres Gegenübers schon nach kurzer Zeit ins Positive verändern. Allerdings müssen Sie ernst meinen, was Sie denken. Denn: Schleimige Lügen – selbst wenn sie nur gedacht werden – werden sofort durchschaut.

Der Grund ist, dass – wie bereits erwähnt – die nonverbalen Anteile in der zwischenmenschlichen Kommunikation den wesentlich größeren Anteil ausmachen als die verbalen (also der tatsächliche Inhalt, um den es geht.)
Ein Beispiel dazu: Um mein Verhältnis zu schwierigen Lehrern oder Schülern zu verbessern, wurde mir in der Schulzeit geraten, mir die jeweilige Problemperson beim nächsten Aufeinandertreffen nackt auf dem Klo sitzend vorzustellen. Die Folge war, dass ich ab diesem Zeitpunkt zwar immer, wenn ich einem solchen „Feind" begegnete, ein Triumphgefühl verspürte, dass sich aber die Beziehung zu meinem Gegenüber nicht verbesserte. Im Gegenteil: Sie wurde schlechter. Denn der andere bekam eine Breitseite an Arroganz zu spüren. Das Nonverbale, d.h. die negative Vorstellung von meinem auf dem Klo sitzenden Gesprächspartner war stärker als das Verbale, mit dem ich ihm z.B. einen „Guten Morgen!" wünschte.
Sie können das natürlich auch alles für Humbug halten und über ihren schwierigen Gesprächspartner denken: „Der Typ ist so bescheuert. An dem finde ich nichts Positives, und dem will ich auch nichts Positives wünschen!" Dann wird sich auch nichts ändern, und – um nicht krank zu werden – sollten Sie sich überlegen, den Job (oder die Schwiegermutter) zu wechseln. Sie haben immer die Wahl.

Einsatz in der Praxis

In Büchern über Improvisationstheater wird in der Regel behauptet, dass Impro (auf der Bühne) ausschließlich als nette

Abendunterhaltung und Impro (in Seminaren) als bloßes Warm-Up für zwischendurch geeignet ist. Das geht zwar auch wunderbar, aber es ist nur die Oberfläche, Impro light gewissermaßen.

Impro ist viel mehr. Die dahinter stehenden Prinzipien, die in den letzten Kapiteln beschrieben wurden, sind von grundlegender Bedeutung für die Reduzierung von Ängsten und der damit verbundenen eigenen inneren Zufriedenheit.

Kurz: Durch Impro-Techniken ist es möglich, die weit verbreitete Angst, zu versagen bzw. etwas falsch zu machen, zu reduzieren. Denn im Improvisationstheater ist ein entspanntes und humorvolles Umgehen mit Fehlern essentiell für den Erfolg einer Szene. Beherzigen Impro-Spieler den Grundsatz „Bleib locker, wenn etwas daneben geht", verlieren sie auch ihre anderen Ängste, wie z.B. die Angst vor ungewohnten Status-Ebenen und sind frei und offen für ihre Mitspieler, können sich in jedem Moment auf sie konzentrieren und sie mit Wohlwollen inspirieren.

Die Folge: Sie werden immer kreativer, und andere arbeiten sehr gerne mit ihnen zusammen.

Im folgenden zweiten Teil des Buches werden nun meine Lieblingsübungen vorgestellt, mit deren Hilfe die vier Schwerpunkte („Bleiben Sie locker, wenn etwas daneben geht", „Spielen Sie mit Ihrem Status", „Seien Sie im Hier und Jetzt" und „Seien Sie wohlwollend und inspirieren Sie andere") erlebbar gemacht werden können. Die Übungen habe ich alle entweder in Seminaren meiner zahlreichen und sehr geschätzten Lehrer wie Keith Johnstone, Dennis Cahill, Shawn Kinley, Doug Nunn, John Hudson, Roland

Trescher, Andreas Wolf, Gaston, etc. zum ersten Mal gesehen, oder ich habe sie selbst erfunden bzw. für meine Seminare weiterentwickelt und/oder in einen anderen Zusammenhang gestellt, um den Transfer für Nicht-Improspieler in den beruflichen und privaten Alltag zu erleichtern.

Damit Sie den Überblick nicht verlieren, sind die Übungen jeweils den einzelnen Schwerpunkten zugeordnet. Natürlich ist diese Zuordnung kein ehernes Gesetz, sondern hat sich in meinen Seminaren bewährt. Wenn Sie eine andere Zuteilung vornehmen wollen, tun Sie das. Kein Problem.

Weiterhin sind die meisten Übungen mit Bemerkungen aus meiner Praxiserfahrung versehen, die für Sie den Einsatz erleichtern sollen.

Hinweis: Es ist ein Riesenunterschied, darüber zu lesen, wie Übungen durchgeführt werden, oder sie selbst durchzuführen. Deshalb mein Tipp: Um nicht nur die verbalen, sondern auch die nonverbalen Anteile der Übungsanleitungen optimal zu verstehen, kann es hilfreich sein, sie zuerst einmal in einem Seminar (z.B. bei mir) als Teilnehmer zu erleben.

Teil II: Die Tools

Wichtige allgemeine Anmerkungen

Bevor die Übungen ausführlich beschrieben werden, möchte ich noch einige allgemeine Anmerkungen loswerden, die mir bei ihrer Durchführung wichtig erscheinen:
Leiten Sie nur Übungen an, mit denen Sie sich wohlfühlen und die Sie selbst gerne machen würden (machen Sie auch als Seminarleiter mit, so oft es geht). Wenn Sie bei einer Übung ein unbehagliches Bauchgefühl haben, kann es Ihnen leicht passieren, dass die Seminarteilnehmer sich Ihnen verweigern, da sie Ihre Skepsis und Ihre Vorbehalte spüren und selbst zu zweifeln beginnen, ob die jeweilige Übung wirklich sinnvoll ist, die sie machen sollen. Denn die größte Angst von Seminarteilnehmern ist meiner Erfahrung nach, dass sie etwas „Blödes" machen müssen, bei dem sie vorgeführt und bloßgestellt werden. Sobald dieses Gefühl bei den Teilnehmern aufkommt, werden Sie als Trainer ziemlich schnell niemanden mehr haben, der für eine Demonstration nach vorne kommt, und Ihr Seminar wird den Bach hinunter gehen.
Sie können diese Tendenz verhindern, indem Sie den Teilnehmern die vier Improschwerpunkte vorleben, die Sie ihnen vermitteln möchten:

1. Ärgern Sie sich nicht darüber, wenn etwas nicht so läuft, wie Sie es sich vorgestellt haben, sondern entspannen Sie sich, wenn Sie Fehler machen. Beispiele: Wenn eine Übung

nicht funktioniert, zweifeln Sie nicht sofort an sich selbst, an den Teilnehmern, an der Übung oder – noch schlimmer – am Erfolg des ganzen Seminars, sondern machen Sie einfach etwas anderes und sagen Sie den Teilnehmern lachend (WICHTIG!), dass das ein Test war, der eben einfach misslungen ist. Oder: Nehmen Sie es nicht persönlich, wenn ein Teilnehmer keine Lust (oder noch Angst) hat, für eine Demonstration nach vorne auf die Bühne zu kommen. Wählen Sie einfach jemand anderen. Wenn der Verweigerer merkt, dass Sie keinen Druck machen und niemanden auf der Bühne bloßstellen, wird sich Ihnen selbst der größte Skeptiker spätestens bei der nächsten oder übernächsten Übung nicht länger verweigern. Wenn nicht, ist auch das legitim. Es soll schließlich keiner gezwungen werden.

2. Lassen Sie sich nicht auf Statuskämpfe mit einzelnen Teilnehmern ein, sondern gehen Sie entspannt mit den „Kämpfern" um. Auch hier ein Beispiel: Besteht ein Teilnehmer darauf, gesiezt zu werden, auch wenn sich die ganze Gruppe duzen lässt, dann siezen sie ihn (OHNE sich innerlich darüber zu ärgern, denn das spürt er sofort). Auch hier gilt: Jeder hat das Recht, so behandelt zu werden, wie er möchte. Je weniger Druck Sie machen, desto eher wird er nach einer Weile von selbst zum Du übergehen. Wenn nicht, ist das auch o.k.

3. Seien Sie wach und konzentrieren Sie sich auf das Hier und Jetzt. Nur dann sind sie offen dafür, die Gruppendynamik wahrzunehmen und darauf einzugehen. Beispiel: Wenn Sie merken, dass der Energielevel der Gruppe nachlässt, bestehen Sie nicht auf Ihrem geplanten Ablauf,

sondern machen Sie eine kleine Pause, lassen Sie frische Luft in den Seminarraum, streuen Sie ein Energiespiel ein (siehe: Warm-Up-Spiele, S.45), oder ändern Sie den Übungsablauf. Tun Sie das, was in dem Augenblick passt.

4. Die Teilnehmer sind die Hauptpersonen, nicht Sie. Achten Sie darauf, dass kein Teilnehmer sich unwohl fühlt, sondern konzentrieren Sie sich auch bei schwierigen Personen wohlwollend auf deren Stärken, und lassen Sie sie gut dastehen. Beispiel: Sie haben einen Skeptiker im Seminar, der alle anderen Teilnehmer nervt (Sie eingeschlossen), weil er sich rechthaberisch in den Vordergrund spielt und immer das letzte Wort hat. Konzentrieren Sie sich verbal oder nonverbal (statt innerlich) auf etwas Positives (z.B. sein nettes Lachen, seine schöne Brille, seine tollen Augen o.ä.). Sie werden sehen, dass er sich bald entspannt. Wenn nicht, dann ist das auch kein Drama. Denken Sie an den ironischen Satz, den ich von Frank Farrelly einmal in einem Seminar gehört habe: „Even Jesus lost one out of twelve."[3] Bleiben Sie gelassen.
Und jetzt viel Spaß bei der Lektüre und dem Ausprobieren der Tools, Übungen, Spiele, Werkzeuge,...

[3] „Sogar Jesus verlor einen von zwölf."

Die Tools

Warm-Ups

Zu Beginn werden einige Übungen beschrieben, die Sie entweder am Anfang eines Seminars, am Ende oder zwischendurch einsetzen können, wenn Sie die Energie einer Gruppe steigern oder einen schönen Abschluss einer Seminareinheit bzw. eines Seminartages finden möchten.

Namenstausch

Sie brauchen dazu eine ungerade Teilnehmerzahl. Wenn die Teilnehmerzahl gerade ist, machen Sie selber mit.
Alle Teilnehmer stehen im Kreis in Zweier-Paaren zusammen, bis auf eine Person. Sie steht alleine. Die Paare tauschen Namen. Die einzelne Person behält ihren Namen und beginnt das Spiel, indem sie irgendeinen der anwesenden Namen in den Kreis ruft, z.B. „Peter!". Wenn Peter neben Claudia steht und die beiden die Namen getauscht haben, muss Claudia reagieren, weil sie in dem Moment den Namen von Peter trägt. Sie muss versuchen, zum Rufer zu rennen. Der richtige Peter, der im Moment Claudia heißt, muss versuchen, den falschen Peter, also Claudia, daran zu hindern, d.h. er versucht Claudia, die jetzt Peter heißt, festzuhalten. Wenn sie es trotzdem schafft, zu entwischen und zum Rufer, nennen wir ihn Fritz, zu gelangen, bildet sie mit ihm ein neues Paar. Sie nimmt also seinen Namen an und er ihren. Fritz heißt dann Claudia, und Claudia

heißt Fritz. Der, der alleine übrig bleibt, in dem Fall Peter, hat wieder seinen eigenen Namen und wird zum neuen Rufer. Die Übung ist ein guter Einstieg in ein Seminar, in dem sich die Teilnehmer namentlich nicht so gut kennen. Denn in der Regel bleiben bei jedem aufgrund dieser Übung ein paar mehr Namen hängen. Außerdem reduziert die Übung Berührungsängste, weil es häufig passiert, dass sich zwei Leute festhalten. Dabei wird in der Regel viel gelacht. Wichtig: Achten Sie darauf, dass sich keiner durch wilde Hetzjagden durch den Raum verletzt. Geben Sie einfach vor, dass gewonnen hat, wer es schafft, ca. einen halben Meter von seinem Partner wegzulaufen.
Anmerkung: Wenn sich die Teilnehmer gar nicht kennen, lassen sie jeden reihum vor der Durchführung der Übung ein bis zwei Mal den eigenen Namen sagen.

„Ich kenne..."

Die ganze Gruppe steht im Kreis und jeder sagt reihum einmal laut seinen Vornamen. Anschließend fangen Sie als Trainer mit dem eigentlichen Spiel an und sagen: „Ich kenne...". Die drei Pünktchen stehen für die Namen der Personen, auf die Sie reihum zeigen. Während Sie auf eine Person zeigen, sagen Sie deren Namen. Die Personen, deren Namen Sie nicht mehr wissen, bitten Sie, ihn noch einmal laut zu wiederholen. Wenn Sie auf diese Weise einmal reihum auf alle Personen gezeigt und deren Namen (teilweise mit Hilfestellung) gesagt haben, macht derjenige, der links neben Ihnen steht (B), dasselbe. Er beginnt mit „Ich kenne,...", zeigt auf jede einzelne Person im Kreis und sagt

reihum alle Namen, die er noch weiß. Die Personen, deren Namen er sich noch nicht merken konnte, helfen auch ihm, indem sie ihren Namen noch einmal laut wiederholen. Ist B einmal durch, wiederholt die Person links neben ihm (C) das Prozedere usw., bis alle im Kreis einmal dran waren. Nach ca. fünf Personen kommt meistens die Runde, in der es jemandem zum ersten Mal gelingt, sich an alle Namen ohne Nachfragen zu erinnern.
Dieses Spiel funktioniert am besten bei Gruppen bis zu ca. zehn Personen. Sonst dauert es zu lange.

Im Himmel

Zweierpaare. Person A ist Petrus, Person B ein Mensch, der in ca. zwei Minuten in einem komplett neuen Leben wiedergeboren wird. Er hat nun zwei Minuten Zeit, von Petrus möglichst viel über dieses neue Leben herauszufinden. Petrus hat ein imaginäres Buch vor sich liegen und beantwortet die Fragen aus seiner Sicht heraus, d.h. bei dem neuen Leben handelt es sich um das tatsächliche Leben der Person, die Petrus spielt. Ist diese Person A z.B. eine 40-jährige Frau und B fragt: „Werde ich eine Frau sein?" würde Petrus sagen: „Ja." Weitere mögliche Fragen, die B stellen könnte sind:

- Wie werde ich heißen?
- Wo werde ich geboren?
- Werde ich Geschwister haben?
- Wer wird mein Lieblingslehrer sein und warum?

- Wann war mein erster Kuss?
- Wann habe ich meinen ersten Partner?
- Was mache ich nach der Schule?
- Werde ich heiraten?
- Werde ich Kinder haben?
- Werde ich ein Hobby haben?
- Werde ich ein Haustier haben?
- Was wird mein Lieblingsessen sein?
- Werde ich kochen können?
- Werde ich den Führerschein machen?
- Bin ich ein guter Autofahrer?
- Werde ich ein Instrument spielen?
- Werde ich das Meer und den Süden lieben?
- etc.

Nach ein paar Minuten tauschen Petrus und „der, der gleich stirbt" die Rollen. Diese Übung bietet eine gute Möglichkeit, spielerisch ein paar Dinge über eine andere Person zu erfahren. Am besten ist es deshalb, wenn sich die Paare, die zusammen diese Übung machen, vorher nicht oder nur wenig kennen.

Wichtig: Wenn der jeweilige Petrus eine Frage nicht beantworten möchte, weil sie ihm z.B. zu intim ist, hat er immer die Möglichkeit mit einem Blick in sein imaginäres Buch zu sagen: „Tut mir leid, darüber steht hier nichts."

Wolf und Schafe

Alle Teilnehmer verteilen sich im Raum und gehen einzeln an verschiedenen Orten in die Hocke. Sie sind die Schafe. Zwei Personen bleiben aufrecht. Person A ist der Wolf, Person B ein Schaf, das dem Wolf durch Weglaufen entkommen muss. Der Wolf versucht, dieses Schaf zu fangen. Fängt er es, wird das laufende Schaf zum Wolf und der Wolf zum neuen laufenden Schaf, wie beim normalen Fangenspiel. Das Schaf kann sich nur retten, indem es hinter einem der hockenden Schafe – nennen wir es Schaf C – in Hockstellung geht. Sofort steht Schaf C auf und wird zum Wolf. Der ehemalige Wolf wird zum Schaf und muss vor dem neuen Wolf davonlaufen. Es kann sich wieder retten, indem es hinter einem hockenden Schaf in die Knie geht, usw.

Mr. Hit

Alle Teilnehmer verteilen sich im Raum. Eine Person A wird vom Trainer zum Mr. Hit erklärt. Er ist der Fänger und muss versuchen, die anderen im Raum (die Gejagten) zu kriegen. Die Gejagten wiederum versuchen, vor ihm zu fliehen. Wenn Mr. Hit einen der Gejagten fängt, wird dieser zum neuen Mr. Hit. Der ehemalige Mr. Hit wird zum Gejagten. Die Gejagten können sich vor Mr. Hit retten, indem sie laut einen Namen eines anderen Gejagten im Raum rufen, bevor Mr. Hit sie berührt, z.B. Katrin. Rufen sie schnell genug, würde dann Katrin zum neuen Mr. Hit werden. Der ehemalige Mr. Hit wird zum Gejagten, usw.

Freund-Feind

Alle Personen verteilen sich im Raum. Jeder sucht sich in Gedanken einen Freund (A) und einen Feind (B). Auf „Los!" müssen alle versuchen, den Freund vor dem Feind zu beschützen, d.h. sich selbst zwischen den Freund und den Feind zu manövrieren. Nach hektischen Anfängen kommt die Gruppe meistens nach einer Weile zur Ruhe. Der Trainer kann dann „Stopp!" sagen und einen beliebigen Mitspieler um einige Meter verschieben. Daraufhin geht die Neuorientierung von vorne los.

Bunny Bunny Bunny

Alle stehen im Kreis. Einer ist der Haupthase, d.h. er nimmt beide Hände rechts und links neben die Ohren, wackelt mit ihnen vor und zurück und sagt laut „Bunny, Bunny, Bunny!" Die Personen links und rechts neben dem Haupthasen sind die Nebenhasen. Die rechte Person nimmt die rechte Hand an das rechte Ohr und wackelt damit, die linke Person nimmt die linke Hand an das linke Ohr und wackelt damit. Beide rufen ebenfalls laut „Bunny, Bunny, Bunny!" Irgendwann wirft der Haupthase in der Mitte gezielt die Ohren zu einer beliebigen Person im Kreis. Diese Person nimmt die Ohren auf und ruft „Bunny, Bunny, Bunny!" Die Personen rechts und links neben dem neuen Haupthasen nehmen ebenfalls wieder ihre jeweils rechte und linke Hand an das

jeweils rechte und linke Ohr und sagen „Bunny, Bunny, Bunny!" usw. Der alte Haupt- und die alten Nebenhasen nehmen ihre Hände wieder herunter.
Steigerung (sobald das Prinzip klar ist): Wenn jemand einen Fehler macht, fliegt er aus dem Kreis. Die rausgeflogenen Teilnehmer werden zu Schiedsrichtern und müssen aufpassen, dass kein Fehler im Kreis passiert. Wenn ein Fehler passiert, ziehen sie diejenigen, die den Fehler gemacht haben, aus dem Kreis (ohne Diskussionen wie „Ich habe doch gar nicht..." o.ä.). Das Spiel wird so lange gespielt, bis zwei Leute im Kreis übrig bleiben. Das sind die Gewinner.

Im Wald

Alle stehen im Kreis. Der Trainer sagt den Teilnehmern, dass sie sich in einem Wald befinden und dass in diesem Wald ein Wildschwein herumrennt. Er schickt das Wildschwein durch den Kreis, d.h. der Trainer streckt beide Arme nach oben und macht laut „Aaaaah!" in Richtung der Person, die links neben ihm steht. Diese Person wiederum gibt das „Wildschwein" mit einem lauten „Aaaaah!" an ihren linken Partner weiter usw., so lange bis das Wildschwein einmal im Kreis herumgegeben worden ist. Danach schickt der Trainer nacheinander einen Jogger, eine Oma und einen Spanner in verschiedene Richtungen durch den Kreis. Der Jogger joggt auf der Stelle und atmet laut, die Oma geht auf einen imaginären Stock gestützt und macht „mimimimi!" und der Spanner hält ein imaginäres Fernglas vor seinen Augen und hechelt lüstern. Wenn alle Figuren nacheinander einmal im Kreis herumgegeben wurden, schickt der Trainer die Figuren gleichzeitig abwechselnd in verschiedene Richtungen los. Die Teilnehmer müssen nun aufpassen, was von links und was von rechts kommt und die Figuren immer alle weitergeben. Ziel ist es, dass alle Figuren nach 1, 2, 3,... Runden wieder beim Trainer ankommen.

„Follow the Leader"

Alle stehen im Kreis. Als Trainer sind Sie der „Leader" und beginnen die Übung, indem Sie den rechten Arm in die Luft strecken und laut von eins bis acht zählen: Eins, zwei, drei, vier, fünf, sechs, sieben, acht. Bei jeder Zahl boxen Sie mit der rechten Hand in die Luft Richtung Zimmerdecke. Die anderen im Kreis machen das nach, was Sie vormachen. Die ganze Gruppe zählt also laut von eins bis acht, und alle boxen bei jeder Zahl mit dem rechten Arm im gleichen Rhythmus in Richtung Zimmerdecke. Sind alle bei der Zahl acht angekommen, wiederholt sich derselbe Vorgang mit dem linken Arm, dann mit dem rechten Fuss und zum Schluß mit dem linken Fuss, d.h. alle im Kreis schütteln – während sie wieder von eins bis acht zählen – erst das rechte Bein in Richtung Fußboden aus und dann das linke. Die Abfolge ist also: rechter Arm, linker Arm, rechtes Bein, linkes Bein... und immer wird dabei von eins bis acht gezählt. Wenn die ganze Gruppe mit dieser Vierer-Abfolge einmal durch ist, dann wird der Vorgang wiederholt. Es wird aber dieses Mal nur noch von eins bis sieben gezählt, dann von eins bis sechs, dann von eins bis fünf usw.,bis alle wieder bei eins angelangt sind. Bei der letzten Runde boxen also alle mit dem rechten Arm in die Luft und sagen „eins", dann kommt der linke Arm mit einer lauten „eins", dann der rechte Fuß mit einer „eins" und zum Schluß der linke Fuß mit „eins".

Hey!

Alle stehen im Kreis. Der Trainer erzählt irgend etwas, z.B. von seinem letzten Urlaub. Immer wieder sagt er laut und unerwartet „Hey!" mitten in einem Satz. Während er „Hey!" sagt, springt er mit beiden Füßen auf der Stelle hoch und streckt beide Hände vor dem Körper aus, so als ob er einen Gegenstand, der ca. einen halben Meter breit ist, in den Händen halten würde. Körperspannung total. Immer, wenn der Trainer „Hey!" sagt, müssen alle anderen im Kreis auch „Hey!" sagen, hochspringen und die Hände wie der Trainer vor dem Körper ausstrecken. Alle müssen also immer aufpassen, dass sie den Moment gleichzeitig mit dem Trainer erwischen. Es sollte immer nur EIN lautes gemeinsames „Hey!" zu hören sein.

Biddeldibiddeldibop

Alle Teilnehmer stehen in einem Kreis. Eine Person (A) steht in der Mitte und geht immer wieder zu einer beliebigen Person im Kreis (z.B. B), stellt sich vor sie hin und sagt laut „biddeldibiddeldibop!". Wenn A das ganze Wort zu Ende spricht, bevor B reagiert, muss B in die Mitte des Kreises. A stellt sich an die Stelle, an der B vorher stand, d.h. A und B tauschen ihre Plätze. Schafft es B „bop" zu sagen, bevor A

„......bop" gesagt hat, muss A in der Mitte des Kreises bleiben und zur nächsten beliebigen Person gehen und es wieder mit einem neuen „biddeldibiddeldibop!" versuchen.
Wenn dieses Prinzip von allen verstanden wurde, dann wird folgende Steigerung eingeführt: Die Person, die in der Mitte des Kreises steht, bekommt eine zweite Möglichkeit. Sie kann neben „biddeldibiddeldibop!" auch einfach nur „bop!" zu jemandem sagen. Tut sie das, darf die angesprochene Person nichts sagen. Sonst hat sie verloren und muss in die Mitte.
Steigerung 2: Die Person, die in der Mitte des Kreises steht, bekommt noch eine dritte Möglichkeit. Sie kann neben „biddeldibiddeldibop!" und „bop!" auch „James Bond!" zu jemandem x-beliebigem im Kreis sagen. Sobald sie das tut, muss die angesprochene Person sich in James Bond Pose werfen, d.h. sich breitbeinig hinstellen, einen coolen Blick aufsetzen und mit beiden Händen eine imaginäre Pistole neben dem Kinn platzieren. Die Personen, die links und rechts neben „James Bond" stehen, müssen sich in Richtung von „James Bond" verbeugen und schmachtend „Oh, James!" sagen. Passiert hier ein Fehler, gilt auch wieder: Wer den Fehler macht, muss in die Mitte des Kreises.

Du!

Die Gruppe steht im Kreis. Der Trainer spielt mit und sagt zu einem beliebigen Teilnehmer laut „Du". Dieser sagt zu einem anderen Teilnehmer ebenfalls „Du" usw. Das „Du" wird mit Augenkontakt und einer deutlichen Hinwendung so lange weitergegeben, bis alle an der Reihe waren,

und es wieder beim Trainer, der angefangen hat, angekommen ist.
In der ersten Runde legt sich jeder, der ein „Du" bekommen und weiter gegeben hat, die flache Hand auf den Kopf, um zu zeigen, dass er schon dran war. Er darf dann in dieser Runde kein „Du" mehr annehmen. In einer zweiten Runde wird dasselbe „Du" noch einmal in derselben Reihenfolge und möglichst zügig wiederholt, ohne dabei die Hand auf den Kopf zu legen, um sicher zu stellen, dass alle noch wissen, wem sie ihr „Du" weitergegeben haben.
Nun wird in einer neuen Runde an eine andere Person ein neuer Begriff weitergegeben, z.B. eine Automarke. Der Trainer beginnt also wieder und sagt zu einem anderen Teilnehmer als dem, dem er das „Du" weitergegeben hat, z.B. „Golf", der sagt zu einem weiteren Teilnehmer z.B. „Opel", der gibt z.B. „VW" weiter usw., bis wieder alle dran waren. In der ersten Runde wird diese neue Reihenfolge wieder mit der flachen Hand auf dem Kopf gespielt, in der zweiten Runde ohne Handauflegen.
Wenn die neue Reihenfolge ohne Handauflegen klappt, schickt der Trainer erst das „Du" und kurz darauf seine Automarke los. Diese Begriffe sollen in der Reihenfolge weitergegeben werden, in der sie geübt wurden, und zwar ohne Handauflegen. Es erfordert also einige Konzentration, im Stimmengewirr zu hören, wenn der entsprechende Begriff ankommt und die Aufmerksamkeit desjenigen zu erhalten, an den der Begriff weitergegeben werden muss. Das ist meist mit einigem Gelächter verbunden.
Wenn die beiden Begriffe „Du" und die Automarke wieder beim Trainer angekommen sind, kann er noch einen

weiteren,neuen Begriff einüben, z.B. eine Obst- und Gemüsesorte („Apfel", Kiwi", „Gurke" usw.), die wiederum an eine dritte Person losgeschickt wird. Nach der Übung mit und ohne Handauflegen kann der Trainer dann in kurzem zeitlichem Abstand alle drei Begriffe losschicken und mehrere Runden laufen lassen. Wenn die Teilnehmer aufeinander achten, geht keiner der Begriffe dabei verloren.

Swisch Pau Boing

Alle stehen im Kreis. Der Trainer beginnt. Er hat die Möglichkeit, entweder ein lautes „Swisch!", ein lautes „Pau!" oder ein lautes „Boing!" weiterzugeben. „Swisch!" darf nur nach links oder rechts gegeben werden, „Pau!" nur kreuz und quer (also nicht direkt an den rechten oder linken Partner) und „Boing!" wirft etwas anderes zurück, d.h. wenn man gerade ein „Pau!" oder ein „Swisch!" von jemandem bekommen hat, dann bewirkt ein „Boing!", dass das „Pau!" oder das „Swisch!" wieder dahin zurückprallt, wo es herkam. Erst wird „Swisch!", dann „Pau!" und dann „Boing!" geübt, bis das Prinzip klar ist. Dann sind alle drei Begriffe möglich, und es gilt: Wer einen Fehler macht, fliegt aus dem Kreis!

Massagekreis

Alle Teilnehmer stehen im Kreis, heben beide Arme nach oben, drehen sich um 90 Grad nach rechts und geben ihrem rechten Partner eine kleine Rückenmassage. Dann heben alle die Arme wieder nach oben, drehen sich um 180 Grad nach links und geben ihrem linken Partner eine Rückenmassage.

Schreikreis

Die ganze Gruppe steht im Kreis mit dem Blick auf den Boden gerichtet. Auf „Drei!" heben alle Teilnehmer gleichzeitig ihre Köpfe und schauen in die Richtung einer beliebigen anderen Person im Kreis. Wenn sich zufällig der eigene Blick mit dem einer anderen Person trifft, müssen die beiden, deren Blicke sich getroffen haben, einen lauten Schrei ausstoßen und anschließend aus dem Kreis heraustreten. Diejenigen, die keinen Augenkontakt bekommen haben, bleiben im Kreis und beginnen eine neue Runde. Der Kreis wird dadurch immer kleiner. Wenn sich die letzten beiden Personen gegenüberstehen und angeschrien haben, ist das Spiel zu Ende.

Spitfire

Alle gehen zu dritt zusammen. Einer davon steht in der Mitte, und die zwei anderen Personen stehen links und rechts daneben. Der Mittlere erzählt eine Geschichte zu einem beliebigen Thema. Die beiden anderen werfen ihm immer wieder Begriffe zu, die nichts mit der Geschichte zu tun haben, die aber der Mittlere in seine Geschichte einbauen muss. Wichtig: Es wird immer erst ein neuer Begriff eingeworfen, wenn der vorige eingearbeitet ist. Hat der Mittlere ein paar Minuten erzählt, wird durchgewechselt.

Familienfotos

Drei Spieler. Person A sitzt auf einem Stuhl und hat ein imaginäres Familienalbum in der Hand und beschreibt Person B, die neben ihr auf einem weiteren Stuhl sitzt, Bilder aus dem Album, z.B. „Guck mal, da bin ich an meinem Hochzeitstag mit meiner Mutter im Hintergrund!". Person B kann immer wieder nachfragen, z.B. „Und wer ist das da?" Hinter Person A, die das Album in der Hand hat, steht eine dritte Person C, die Person A immer wieder einfache Rechenaufgaben stellt, z.B. 2+3 oder 4x2. Person A muss das Ergebnis der Rechenaufgabe in ihre Beschreibung der Bilder einbauen. Beispiel: Ist die Rechenaufgabe 2+3, und Person A beschreibt gerade ein Bild der Hochzeit, kann A sagen „Und links hinter mir, das sind meine 5 (2+3) Cousinen", usw. Nach ein paar Minuten wechseln A, B und C im Uhrzeigersinn.

Gegenstandsgeschichte

Ein Spieler steht mit dem Gesicht zum Publikum auf der Bühne und erzählt eine improvisierte Geschichte. Dabei bekommt er immer wieder von einem Partner von hinten einen Gegenstand gereicht, den er in die Geschichte einbauen muss. Wichtig: Er sieht erst, wenn er den Gegenstand in der Hand hält, um was es sich handelt, nicht vorher.

Vorwärts und Ausschmücken

Zwei Spieler. A gibt B ein Thema für eine Geschichte vor, und B beginnt zu erzählen. Immer wieder sagt A „vorwärts!" oder „ausschmücken". Sagt A „vorwärts", muss B die Geschichte vorantreiben. Sagt A „ausschmücken", muss B die Handlung ausschmücken. Beispiel: A: „Ein Mann geht den Strand entlang". B: „Ausschmücken!" A: „Es ist ein wunderschöner Strand mit weißen Sandkörnern. Das Meer platscht mit kleinen Wellen an das Ufer." B: „Vorwärts!" A: „Der Mann geht weiter und sieht plötzlich eine schöne Frau am Strand sitzen." B: „Ausschmücken!" A: „Die Frau hat dunkle, lange Haare und wunderschöne große Augen." etc.

Bleiben Sie locker, wenn etwas daneben geht

Ideen töten und leben lassen

Beschreibung der Übung: Zwei Personen (A und B) machen sich gegenseitig Satz für Satz Angebote. Im ersten Schritt blocken Beide die Angebote des anderen ab und machen dann ein neues Angebot. Beispiel: A: „Lass uns einen Kaffee trinken gehen." B: „Nein keine Lust. Ich mag keinen Kaffee. Aber wir könnten ja einen Spaziergang machen" A: „Nein. Ich hasse es, mich zu bewegen. Wollen wir nicht lieber ins Kino gehen?" B: „Nein, Kino find' ich blöd, aber wir könnten...."

Im zweiten Schritt lehnt einer der Beiden immer noch alle Angebote ab, die von seinem Partner kommen, während der andere die Vorschläge des anderen annimmt. Beispiel: A: „Lass uns was Trinken gehen." Daraufhin B (wenn er der Ja-Sager der Runde ist): „Au ja, super. Das haben wir schon lange nicht gemacht. Und danach gehen wir in diesen neuen angesagten Club zum Tanzen." A (der Nein-Sager der Runde): „Nein. Tanzen ist doof. Lass uns

lieber dann in die Spätvorstellung des neuen Kinos gehen." B: „Ja, gute Idee. Da läuft ein klasse Film", etc.
Im dritten Schritt tauschen A und B die Rollen, d.h. wenn A der Nein-Sager und B der Ja-Sager der letzten Runde war, ist es jetzt umgekehrt. A sagt zu allem „ja", was von B kommt und B sagt zu allem „nein", was von A kommt.
In der vierten Runde nehmen sowohl A als auch B alle Angebote vom jeweils anderen an. Beispiel: A: „Hast Du nicht Lust, mal wieder in die Berge wandern zu gehen?" B: „Super Idee. Wir könnten mit dem Auto nach Garmisch fahren und von dort loslaufen." A: „Klasse Idee. Und wir nehmen unsere neuen Wanderschuhe mit, die uns Papa zu Weihnachten geschenkt hat." B: „Ja, genau. Dann können wir die endlich einmal einweihen." A: „Und auf dem Gipfel trinken wir ein schönes kaltes Bier und essen einen Schweinebraten." B: „Uiuiuiuiui ja. Das haben wir uns da oben echt verdient,..." usw.
Anmerkung zur Durchführung der Übung: Durch diese Übung erleben die Teilnehmer mit Hilfe ganz einfacher Mittel, was passiert, wenn sie in der Kommunikation mit anderen auf deren Angebote eingehen oder wenn sie sie abblocken. Zu Anfang fällt ihnen das Ablehnen von Angeboten in der Regel leichter, weil sie dadurch die Kontrolle über die Situation behalten und sich auf diese Weise nicht so stark auf den anderen einlassen müssen. Es ist die „Nummer-Sicher-Variante", bei der sie nichts falsch machen können. Sie merken jedoch sehr schnell, dass das stärkere Einlassen auf den Gesprächspartner durch das Annehmen seiner Angebote mehr Spaß macht und eine produktivere Kommunikation zur Folge hat.

Diese Übung ist eine gute Vorübung für „Kein ‚s' erlaubt", um zu zeigen, wie viel leichter es den meisten Menschen fällt, nicht mit einem „Ja", sondern mit einem „Nein" oder einem „Ja, aber..." auf Angebote von anderen zu reagieren, aus Angst davor, etwas falsch zu machen.

Ja, genau!

Beschreibung der Übung: Die Hälfte der Teilnehmer läuft im Raum herum. Die andere Hälfte sitzt daneben und schaut den Läufern zu. Einer der Läufer (egal, wer) beginnt und macht den anderen Läufern einen Vorschlag, z.B. „Lasst uns alle aus dem Fenster winken!" oder „Wir strecken alle die Arme nach oben!" Die anderen Läufer müssen zu diesem Vorschlag „Nein" sagen und ihn einfach ignorieren. Daraufhin macht der nächste beliebige Läufer einen Vorschlag, den die anderen wiederum abblocken.
Nach ein paar Vorschlägen ändern Sie als Trainer die Regel und geben vor, dass ab jetzt alle zu Vorschlägen, die gemacht werden, begeistert „Ja, genau!" sagen und den jeweiligen Vorschlag zusammen mit dem, der ihn gemacht hat, durchführen sollen. Wenn also der Vorschlag z.B. ist: „Lasst uns alle aus dem Fenster winken!", brüllen alle „Ja, genau!" und winken alle aus dem Fenster. Dann macht der nächste beliebige Läufer wieder einen Vorschlag, den alle begeistert annehmen und durchführen. Danach tauschen Läufer und Sitzende.
Anmerkung zur Durchführung der Übung: Diese Übung ist eine gute Alternative zur Übung „Ideen töten und leben lassen" mit dem gleichen Ziel.

Kein „s" erlaubt

Beschreibung der Übung: Die Teilnehmer werden in zwei Spielergruppen plus zwei Schiedsrichter aufgeteilt. Je ein Spieler aus jeder Gruppe geht nach vorne, und die Beiden spielen zusammen eine Szene. In dieser Szene ist alles erlaubt, nur keine Sätze mit dem Buchstaben „s". Macht einer der Spieler einen Fehler, müssen die Schiedsrichter pfeifen/rufen oder mit einer Tröte hupen, die ihnen vom Trainer gegeben wurde. Derjenige, der den Fehler gemacht hat, verlässt die Bühne und geht zurück in seine Gruppe, von der er jubelnd empfangen wird (WICHTIG!). Die andere (Gewinner-)Gruppe bekommt fünf Punkte. Der Verlierer-Spieler wird durch einen neuen Spieler aus seiner Gruppe ersetzt und spielt die Szene mit dem auf der Bühne Übriggebliebenen der Konkurrenztruppe weiter bis der nächste Fehler passiert, usw. Die Gruppe, die zuerst 30 Punkte erreicht hat, hat gewonnen. Die anderen sind die Verlierer.

Anmerkung zur Durchführung der Übung: Um das Prinzip des Spiels zu verdeutlichen, führen Sie die Übung erst ohne Wettkampfcharakter durch, d.h. ohne Schiedsrichter und ohne Gruppenaufteilung. Sie holen sich also zwei Freiwillige nach vorne, die ein paar Sätze miteinander wechseln sollen, ohne den Buchstaben „s" zu verwenden. Meist spüren die beiden Freiwilligen sehr schnell, wie stark sie sich schon bei so einem „banalen" Spiel, bei dem es um nichts geht, unter Druck setzen, um ja nichts falsch zu machen. Die Folge: Sie sind angespannt und blockiert und bringen keine oder keine vollständigen Sätze mehr heraus. Diese Verkrampfung überträgt sich auf das Publikum, das

sich verzweifelt danach sehnt, dass die Beiden auf der Bühne endlich einen Fehler machen, damit die gesamte Situation wieder entspannter ist.
Nach dieser Demonstration machen Sie einen Wettkampf aus der Übung . Der Applaus, den die Freiwilligen bei der Wettkampfvariation der Übung bekommen, bewirkt in der Regel sehr schnell, dass sich der Druck reduziert und demzufolge sowohl sie als auch das Publikum mehr Spaß haben und mit Fehlern entspannter umgehen.

Was Anderes

Beschreibung der Übung: Wie bei der Übung „Kein ‚s' erlaubt" wird die Gruppe in zwei Teams, drei Schiedsrichter, einen Punktegeber und einen Zeitnehmer (kann der Trainer machen) aufgeteilt.
Die Übung beginnt, indem aus einem Team ein Zweierpaar (A und B) nach vorne geholt wird. Die Beiden sollen die Augen schließen, und A bekommt vom Trainer bei geschlossenen Augen einen Gegenstand in die Hand. Dann dürfen A und B die Augen öffnen. A muss nun den Gegenstand, den er in die Hand bekommen hat, als etwas Anderes benutzen als als das, um was es sich tatsächlich handelt. Beispiel: Wenn A ein Glas in der Hand hält, kann er es sich als Telefon ans Ohr halten oder als Fernglas benutzen oder so tun, als würde er in eine Semmel beißen, usw. Sobald klar ist, was er meint, ruft der Trainer „Punkt!", d.h. das Team bekommt einen Punkt, den der Trainer notiert, und A gibt den Gegenstand sofort an seinen Partner (B) weiter. B muss nun was Neues daraus machen, was weder mit dem zu tun hat, was A vorher gemacht hat,

noch mit dem Gegenstand selbst. Wenn klar ist, was B meint, ruft der Trainer wieder „Punkt!", und das Team hat seinen nächsten Punkt verdient, den der Trainer wieder notiert. B gibt nun den Gegenstand an A zurück, der wiederum etwas völlig Neues daraus machen muss, usw. Die Schiedsrichter passen auf, ob Wiederholungen, Fehler, etc. passieren. Wenn ja, dann rufen, pfeifen oder tröten sie, sagen kurz „Wiederholung" oder „Fehler", und der Trainer notiert pro Tröten einen Minuspunkt. Nach genau einer Minute, ruft der Trainer „Stopp!" und verkündet die Gesamtpunktzahl, die A und B für diese Runde bekommen haben. Anschließend muss ein Zweierteam (C und D) aus der Konkurrenzgruppe nach vorne und dasselbe Spiel mit einem anderen Gegenstand durchführen. A und B bleiben noch vorne an der Seite stehen, bis die zweite Gruppe mit ihrer Minute durch ist. Danach wird der Gewinner der Runde (A/B oder C/D) bekanntgegeben. Die Verlierergruppe geht zurück in ihr Team und wird von ihm jubelnd empfangen. Die Gewinnergruppe bleibt vorne und spielt eine neue Runde gegen eine neue Gruppe aus dem Verliererteam. Das Spiel kann so lange gespielt werden, bis eine Gruppe eine vorher festgelegte Punktzahl erreicht hat.
Anmerkung zur Durchführung der Übung: Diese Übung ist eine gute Alternative zur Übung „Kein ‚s' erlaubt".

Ja-Nein Spiel

Beschreibung der Übung: Zwei Teilnehmer sind auf der Bühne. Sie dürfen nur die Worte „Ja" oder „Nein" sagen. Der Spieler, der als erster spricht, bestimmt, ob er der Ja- oder

Nein-Sager für die Szene ist. Der andere Spieler muss das andere Wort nehmen. Die ganze Szene bleiben die Beiden bei ihrem Wort. Beispiel: A und B sind auf der Bühne. Lange passiert nichts. Irgendwann sagt A „Ja". Nun muss A die ganze Szene beim „Ja" bleiben, B darf, wenn er etwas sagt, nur das Wort „Nein" benutzen.
Anmerkung zur Durchführung der Übung: Diese Übung ist gut geeignet, um Druck zu reduzieren und dadurch die Kreativität zu steigern. Denn hier geht es nicht darum, möglichst kreative Sätze zu sagen, sondern einfach nur ein Wort (mit Pausen dazwischen, in verschiedenen Tonfällen, verbunden mit unterschiedlichen Körperlichkeiten, etc.).

Egbert Ostermann

Beschreibung der Übung: Alle stehen im Kreis um eine imaginäre Person herum. Eine beliebige Person A im Kreis beginnt und gibt der „Person" in der Mitte einen Namen, z.B. „Das ist Egbert Ostermann." Person B, links neben A, sagt daraufhin z.B.: „Er hat eine Brille auf." Person C, neben B sagt z.B. „Er hat rote Haare", usw. Wenn die Teilnehmer denken, dass die Person „fertig" beschrieben ist, können sie eine neue Figur beginnen.
Anmerkung zur Durchführung der Übung: Ziel der Übung ist es, Druck zu reduzieren und die Angst davor zu verlieren, etwas Falsches zu sagen. Bei dieser Übung gibt es kein richtig und falsch. Jeder Vorschlag ist legitim.

Mini-Stimme

Beschreibung der Übung: Zwei Personen sind auf der Bühne. Person A steht auf der Bühne. Person B sitzt am Rand der Bühne auf einem Stuhl (im „Off"), muss aber die Bühne im Blickfeld haben. Person A bekommt eine Vorgabe wie z.B. „Du gehst durch den Wald" oder „Du bist auf dem Weg von der Arbeit nach Hause". Auf „Los!" beginnt A am linken Bühnenrand langsam loszuschlendern Richtung Bühnenmitte. Wenn A die halbe Bühne überquert hat, mischt sich B mit seiner Stimme in die Szene ein und sagt z.B. mit piepsiger Stimme (vorher üben): „Hey! Hey Du!". A bleibt stehen, guckt sich um, „entdeckt" die Gestalt, die zur Stimme gehört, d.h. er guckt nicht zu der Stelle, wo B sitzt, sondern auf den Boden irgendwo auf der Bühne. Er tut also so, als ob die Stimme zu irgendeinem kleinen Wesen gehört, was irgendwo auf der Bühne ist und fängt einen Dialog mit diesem Wesen an, indem er z.B. gezielt irgendwo hinguckt und sagt: „Wer bist denn Du?" oder: „Ich habe noch nie einen Frosch mit einer weißen Fahne gesehen."

Anmerkung zur Durchführung der Übung: Diese Übung ist eine gute Anschlußübung an „Egbert Ostermann". Denn durch die Vorübung haben die Teilnehmer in der Regel weniger Angst davor, etwas falsch zu machen, wenn sie eine imaginäre Person, Tier, Monster, o.ä. definieren müssen.

Hinweis: Es kann trotzdem passieren, dass die Spieler es zu Beginn mit allen Mitteln vermeiden, das Wo, Was und Wie des Lebewesens zu konkretisieren. Machen Sie den Spielern klar, dass sie nichts falsch machen können. Alles ist richtig, Hauptsache, sie definieren, um was es geht. Nur Mut!

Dissoziieren

Beschreibung der Übung: Alle Teilnehmer laufen kreuz und quer durch den Raum und zeigen immer wieder auf verschiedene Gegenstände. Sobald sie auf einen Gegenstand zeigen, sagen sie laut irgend etwas anderes als das, was es ist. Zeigen sie z.B. auf einen Stuhl, dürfen sie alles sagen außer „Stuhl". Zeigen sie auf ein Fenster, dürfen sie alles außer „Fenster" sagen, etc.

Variation: Zweierpaare. Jeder sagt abwechselnd einen Begriff, der jeweils nichts mit dem davor genannten zu tun hat, und zwar so schnell wie möglich. Beispiel: Teilnehmer A sagt „Schnürsenkel", B sagt „Wiese", A sagt „Autoreifen", B sagt „Kaugummi", A sagt „Türknauf" usw. Wenn einer der Spieler glaubt, es bestehe eine assoziative Verbindung zwischen den Begriffen, sagt er „Stopp!", und es geht von vorne los, ohne Begründung oder Diskussion.

Anmerkung zur Durchführung der Übung: Machen sie den Teilnehmern deutlich, dass bei beiden Versionen der Übung überhaupt keine Assoziationsketten erlaubt sind. Manche Spieler neigen bei beiden Variationen dazu, für sich Assoziationsketten zu bilden. Beispiel Variation 1: A zeigt auf einen Vorhang und sagt „Hund", dann zeigt A auf den Boden und sagt: „Hundefutter", dann deutet A auf einen Stuhl und sagt: „Bernardiner", etc. Beispiel Variation 2: B sagt „Golfplatz", A sagt „Hundefutter", B sagt „Golfschläger", A sagt „Golden Retriever", usw. Das wäre nicht Sinn der Übung. Kein Begriff darf mit den vorherigen (eigenen oder denen des anderen) etwas zu tun haben.

Diese Übung fällt den meisten Menschen sehr schwer, weil

es für unser Gehirn ungewohnt ist, zu dissoziieren. Es fällt leichter, in Assoziationsketten zu denken (Beispiel: Stuhl, Tisch, Glas, Teller, Essen, Magen,....).
Menschen, die wir für kreativ halten, benutzen einfach nur diese assoziativen Mechanismen des Gehirns, die sowieso da sind, z.B. wenn sie eine Geschichte erzählen.

Beispiel:

- Ein Mann sitzt in seiner Wohnung.
- Er liest Zeitung.
- Plötzlich klingelt es an der Tür.
- Es ist seine Freundin.
- Sie weint.
- Er bittet sie herein und fragt was los ist.
- Sie sagt, dass sie ihren Job verloren hat.
- Er nimmt sie in den Arm und tröstet sie.
- etc.

Menschen, die glauben, dass Kreativität etwas mit Anstrengung zu tun hat, neigen zum Dissoziieren. Sie denken, dass sie auf keinen Fall das Naheliegende (d.h. die ersten Assoziationen, die ihnen einfallen) benutzen dürfen, da das in ihren Augen viel zu einfach und deshalb nicht kreativ ist. Solche Menschen würden den ersten Satz der gleichen Geschichte vermutlich ungefähr so fortführen:

- Ein Mann sitzt in seiner Wohnung.
- Er liest ein Pferdebuch.
- Plötzlich klopft etwas ans Fenster.
- Es ist ein fünfarmiger Alien.
- Der Mann macht nicht auf und geht in die Küche, um sich einen Kaffee zu machen.
- Im Fernsehen läuft Tennis.
- etc.

Ergebnis: Die erste Version der Geschichte wirkt kreativer. Grund: Sie behandelt immer das Naheliegende (Plötzlich klingelt es an der Tür. Es ist seine Freundin. Sie weint, etc.) Die zweite Geschichte möchte unter allen Umständen kreativ und witzig sein. Die Folge ist, dass alles sehr unzusammenhängend und unkreativ wird (Plötzlich klopft es ans Fenster. Es ist ein fünfarmiger Alien, etc.).

Und Tschüss

Beschreibung der Übung: Die Hälfte der Gruppe steht auf der Bühne in einem Halbkreis mit dem Gesicht zum Publikum. Der Trainer holt sich ein Thema für eine Geschichte aus dem Publikum und setzt sich vor die Gruppe. Er beginnt damit, dass er auf eine Person im Halbkreis zeigt, die die Geschichte beginnen soll. Diese muss so lange erzählen, bis der Trainer auf jemand anderen zeigt. Der erste Erzähler (A) hört sofort auf und der neue Erzähler (B), auf den nun gezeigt wird, erzählt die Geschichte genau an dieser

Stelle weiter, so lange bis der Trainer auf den nächsten Erzähler zeigt, usw.
Sobald ein Erzähler einen Fehler macht, d.h. nicht genau an der Stelle weitererzählt oder „Äh!" sagt o.ä., ruft das Publikum laut „Und Tschüss!" und der, der den Fehler gemacht hat, muss die Bühne verlassen und geht zurück ins Publikum. Wichtig: Er ärgert sich dabei nicht und wird gleichzeitig vom Publikum bejubelt. Das Spiel wird so lange gespielt, bis ein Erzähler auf der Bühne übrig bleibt. Der hat dann gewonnen.
Anmerkung zur Durchführung der Übung: Das ist eine weitere Übung, um das Thema „Bleiben Sie entspannt, wenn Sie Fehler machen" zu üben.
Hinweis: Achten Sie als Trainer darauf, kein regelmäßiges Muster in Ihren Zeige-Gewohnheiten entstehen zu lassen. Versuchen Sie, manche Personen länger, manche kürzer erzählen zu lassen und völlig willkürlich auf unterschiedliche Personen zu zeigen. Je stärker sie das machen, desto mehr sind die Erzähler gezwungen, im Moment zu sein und wirklich zuzuhören.
Wenn zu lange niemand die Bühne verlassen hat, werden Sie strenger und werfen Sie die Erzähler schon beim kleinsten Satzfehler oder der winzigsten Pause von der Bühne.

Spielen Sie mit Ihrem Status

Status-Listen

Beschreibung der Übung: An jeden Teilnehmer wird eine vorbereitete Liste mit Statusmerkmalen verteilt. Die eine Hälfte bekommt eine Liste mit verschiedenen Tiefstatus-Merkmalen, die andere Hälfte bekommt eine Liste mit Hochstatus-Merkmalen. Hoch- und Tiefstatuslisten haben unterschiedliche Farben.

Beispiel Tiefstatusliste:

- Streich Dir immer wieder die Haare aus dem Gesicht (auch wenn keine da sind)
- Du kannst keinen Blickkontakt halten (würdest aber gerne)
- Halte Dich krumm (Schultern nach vorne fallen lassen)
- Verschränke Deine Arme vor Deinem Körper, wenn Du mit jemandem sprichst
- Kratz Dich immer wieder im Gesicht
- Beiß Dir auf die Unterlippe
- Drehe einen Fuß leicht nach innen
- Kaue immer wieder an Deinen Fingernägeln
- Sprich leise und undeutlich, wenn Du mit jemandem redest

- Stolpere über alles, rempel Leute an, wirf Sachen herunter und entschuldige Dich immer sofort dafür
- Zucke vor Berührungen anderer zurück
- usw.

Beispiel Hochstatusliste:

- Gehe aufrecht
- Halte Blickkontakt mit Deinen Gesprächspartnern
- Wenn Du jemandem die rechte Hand schüttelst, lege auch deine linke Hand noch über die Hand, die du schüttelst
- Lächle die Menschen an, mit denen Du sprichst
- Sprich laut und deutlich
- Berühre Deine Gesprächspartner am Arm, an der Schulter, o.ä.
- Drehe einen Fuß leicht nach außen
- Stütze Deine Hände in Deine Taille, wenn Du mit jemandem sprichst
- Falle Menschen um den Hals und mache ihnen Komplimente
- Lache laut und viel
- usw.

Wenn alle Teilnehmer eine Liste (entweder Hoch- oder Tiefstatus) in der Hand haben, wird ihnen gesagt, dass sie sich auf einer Party befinden und mit möglichst vielen verschiedenen Leuten Small-Talk halten sollen. Alle zehn Sekunden soll jeder einzelne auf seine Liste schauen, sich eine neue Eigenschaft herauspicken, diese annehmen und sich dementsprechend verhalten.
Nach ein paar Minuten tauschen die Teilnehmer mit den Hochstatuslisten ihre Liste mit den Teilnehmern, die die Tiefstatuslisten hatten und machen dasselbe noch einmal mit den neuen Listen.
Anmerkung zur Durchführung der Übung: Diese Übung eignet sich sehr gut als Einstiegsübung zum Thema Status. Die Teilnehmer können hier in einem geschützten Rahmen verschiedene Statusebenen ausprobieren.

Am Bahnhof

Beschreibung der Übung: Alle Teilnehmer stehen im Raum verteilt. Die Gruppe wird in zwei Hälften geteilt. Die eine Hälfte bekommt die Vorgabe, dass sie einen Fuß leicht nach innen drehen und, wenn sie mit anderen Personen redet, immer versuchen soll, den Blickkontakt zu halten, es aber nicht schafft. Die andere Hälfte bekommt die Vorgabe, dass sie einen Fuß leicht nach außen richten und, wenn sie mit jemandem spricht, mindestens fünf Sekunden Blickkontakt halten soll.
Dann bekommen beide Gruppen folgende Vorgabe: „Sie befinden sich an einem Bahnhof einer fremden Stadt und fragen möglichst viele verschiedene Personen nach dem

Weg zum Hotel, zum Taxistand, zur Post, etc.". D.h. jeder soll in seiner Figur in möglichst kurzer Zeit mit möglichst vielen Leuten im Raum Small-Talk halten. Nach ein paar Minuten werden die Rollen gewechselt, d.h. die Teilnehmer mit den Füßen nach innen und der Unfähigkeit, Blickkontakt zu halten, drehen die Füße nach außen und halten mindestens fünf Sekunden Blickkontakt und umgekehrt.
Variationsmöglichkeiten: Eine Gruppe hält den Kopf leicht schief und fasst sich im Gespräch selbst ins Gesicht, an die Schulter, etc. Die andere Gruppe hält den Kopf ganz gerade und fasst im Gespräch andere an, z.B. an der Schulter oder am Arm.
Anmerkung zur Durchführung der Übung: Diese Übung ist eine gute Alternative zu „Status-Listen".

Status-Dreier

Beschreibung der Übung: Drei Personen sind auf der Bühne und spielen eine kurze neutrale Szene, in der ein Problem vorkommt.
Beispiele:
- Vater und Mutter sitzen im Wohnzimmer und warten auf ihr 16-jähriges Kind, das zu spät nach Hause kommt. Sie reden kurz, dann klingelt es an der Tür, und die Tochter/der Sohn ist da und sagt, dass sie/er leider einen Autounfall hatte.
- Vater und Mutter wollen in den Urlaub in die Berge zum Wandern. Der Sohn möchte lieber in den Robinson Club, weil da mehr los ist.
- Frau und Mann stehen vor dem Traualtar. Da merkt der Mann, dass er die Ringe vergessen hat.

- Frau und Mann sitzen auf der Couch und flirten miteinander. Da kommt plötzlich der Ehemann der Frau nach Hause und sieht, dass sie eine Affäre mit seinem besten Freund hat.

Nach ca. zwei bis drei Minuten wird die Szene vom Trainer abgebrochen, und die drei Spieler werden aufgefordert, sich jeweils für einen Status zu entscheiden (1 = Hochstatus, 2 = mittlerer Status und 3 = Tiefstatus), ohne laut zu sagen, welchen.

Nun wird dieselbe Szene noch einmal in dem jeweiligen gedachten Status gespielt. Danach muss das Publikum raten, welchen Status die einzelnen Spieler gewählt haben. Erst dann klären die Spieler auf, welche Nummer (also welchen Status) sie tatsächlich gewählt hatten. Anschließend wählt sich jeder der Spieler noch einmal im Stillen einen neuen Status (1,2 oder 3), und die Szene wird ein drittes Mal gespielt. Dann darf das Publikum wieder raten, und die Spieler bestätigen oder widerlegen die Vermutungen. Dasselbe Spiel kann mit unterschiedlichen Szenarien und Spielern wiederholt werden.

Anmerkung zur Durchführung der Übung: Auch hier geht es wie bei „Am Bahnhof" und „Status-Listen" darum, dass die Teilnehmer ausprobieren, mit ihrem Status zu spielen. Diese Übung eignet sich gut als Anschlussübung nach „Am Bahnhof" und/oder „Status-Listen", da sie mehr Mut erfordert. Denn im Gegensatz zu „Am Bahnhof" und „Status-Listen" treten die Teilnehmer hier aus dem geschützten Rahmen des „Bahnhofs" bzw. der „Party" heraus und müssen vor und nicht in der Anonymität der Gruppe spielen.

Gleicher Status

Beschreibung der Übung: Zwei Personen begeben sich in zwei unterschiedliche Anfangspositionen auf die Bühne, beispielsweise kann einer der Beiden sitzen, der Andere stehen. Diese unterschiedlichen Positionen sollten sie die ganze Szene über beibehalten. Nun wird den beiden Personen vom Publikum jeweils eine Rolle zugewiesen, z.B. Chef und Sekretärin, Arzt und Krankenschwester oder Vater und Sohn. Weiterhin gibt ihnen das Publikum ein Thema, über das sie sprechen sollen, z.B. Gehaltserhöhung, letzter Urlaub oder Skilaufen. Anschließend beginnen die Beiden auf der Bühne in ihren zugewiesenen Rollen über das zugewiesene Thema zu sprechen.
Der Trainer stoppt immer wieder die Szene und fragt das Publikum, ob es denkt, dass die Beiden noch den gleichen Status haben, z.B. beide 1, beide 2, beide 3, o.ä.
Wenn nicht, müssen die Spieler etwas in ihrer Haltung, ihrer Mimik, ihrem Tonfall, ihrer Wortwahl, etc. verändern. Wenn ihnen nichts einfällt, kann das Plenum Vorschläge machen, was die Beiden tun müssen, um sich wieder einander anzugleichen. Dann wird bis zum nächsten Stopp weitergespielt usw.
Anmerkung zur Durchführung der Übung: Diese Übung sollte erst durchgeführt werden, wenn die Teilnehmer schon ein paar Statusübungen hinter sich haben, da sie schwerer ist als die Statusübungen, die bisher beschrieben wurden, denn die beiden Freiwilligen müssen sich ständig aneinander orientieren, um im gleichen Status zu bleiben. Sie sind also gezwungen, ihre Aufmerksamkeit immer gleichzeitig auf sich selbst und auf ihren Partner zu richten.

Nervig, Lustig, Sexy

Beschreibung der Übung: Vier Freiwillige. Einer befindet sich bereits auf der Bühne. Er ist der Gastgeber einer Party. Die anderen Drei sind noch nicht auf der Bühne und kommen nach und nach dazu, indem sie an einer imaginären Türklingel am Rand der Bühne läuten (nacheinander, nicht alle auf einmal, d.h. einer klingelt, begrüßt den Gastgeber, sie reden ein bis zwei Sätze Small-Talk miteinander, dann kommt der nächste Gast, etc.). Wenn alle da sind, läuft die Szene kurz weiter und wird dann vom Trainer abgebrochen. Nun sagt der Trainer, dass sich alle vier Akteure Eigenschaften für die anderen Spieler ausdenken müssen. Einer muss für sie nervig sein, einer lustig und einer sexy. Sie sagen nicht, wer für sie welche Eigenschaft hat. Sie müssen sich nur jeweils für eine Eigenschaft pro Person entscheiden. Nun spielen sie die gleiche Szene noch einmal mit den gedachten Eigenschaften, indem sie sich den anderen gegenüber dementsprechend verhalten. Beispiel: Wenn Person A von B denkt, dass B sexy ist, kann er ständig versuchen, in die Nähe von B zu kommen. Es kann sein, dass B jedoch A nervig findet und die Gesellschaft zu vermeiden sucht, usw. Nach einer Weile wird auch diese Szene abgebrochen, und der Trainer bittet alle Spieler darum, erst auf die Person zu zeigen, die für sie sexy war, dann auf die, die für sie lustig war und am Ende auf die, die sie nervig fanden.

Anmerkung zur Durchführung der Übung: Diese Übung ist eine gute Alternative bzw. Ergänzung zu „Gleicher Status". Denn auch hier liegt die Konzentration bei den anderen und nicht bei einem selbst.

Status-Kipper

Beschreibung der Übung: Zwei Spieler gehen auf die Bühne und bekommen vom Publikum eine Rolle und einen Status zugewiesen (z.B. Vater im Hochstatus, Tochter im Tiefstatus). Außerdem bekommen sie vom Trainer jeweils eine Liste mit Sätzen, die die Szene im Status kippen könnten.

Beispiele:

- Ich bin schwul/lesbisch
- Pferde sind schöne Tiere
- Franziska ist schwanger
- Mir ist gekündigt worden
- Meine Haare sind blond
- Ich bin glücklich
- Helga hat sich umgebracht
- Fritz ist in Karla verliebt
- Ich habe eine Beförderung bekommen
- Dein Auto ist Schrott
- Ich ziehe aus
- Ich liebe Schokolade
- Rosen sind rot
- Ich habe eine blaue Skihose

- Lass uns schwimmen gehen
- etc.

Mit diesen Vorgaben und den Zetteln in der Hand beginnen die drei eine kurze Szene zu improvisieren. Irgendwann sagt der Trainer von außen zu einem der beiden Spieler: „Kipper!" Dieser Spieler schaut kurz auf seinen Zettel und liest einen beliebigen Satz vor, der dort steht, z.B. „Ich bin schwul/lesbisch." Der andere Spieler lässt sich durch diesen Satz sofort emotional verändern, indem er z.B. anfängt zu weinen, sich freut oder anfängt zu lachen und spielt so weiter. Nach einer Weile sagt der Trainer „Kipper!" zum anderen Spieler, der jetzt wiederum einen Satz auf seinem Zettel vorliest und den ersten Spieler dadurch verändert, etc.
Variation/Steigerung: Die Teilnehmer schreiben sich jeder auf einen Zettel ein paar Kipp-Sätze auf, gehen in Vierergruppen zusammen und improvisieren zu zweit (mit zwei Zuschauern) eine kleine Szene. Immer wieder guckt einer der Spieler auf seinen Zettel und sagt einen der Sätze, die darauf notiert sind. Der Mitspieler lässt sich durch diesen Satz emotional verändern, usw. Nach ein paar Minuten tauschen Spieler und Zuschauer Rollen und Listen, und die neuen Spieler beginnen eine neue Szene nach demselben Prinzip. Wenn die Spieler zwischendurch nicht weiter wissen, können sie eine neue Szene beginnen oder sich von den Zuschauern helfen lassen, die von außen meist mehr Möglichkeiten sehen als die Spieler, die in der Szene mitwirken.
Anmerkung zur Durchführung der Übung: Diese Übung

ist ein gutes Training, um zu zeigen, dass Kommunikation produktiver ist, wenn sich die Geprächspartner im Status verändern lassen und nicht – koste es, was es wolle – auf ihrem Standpunkt und Status beharren.
Hinweis: Achten Sie darauf, dass sich die Spieler wirklich emotional durch die Kipp-Sätze verändern lassen.
Und: Wenn eine Szene nach dem ersten Kipper stockt, helfen Sie von außen, oder lassen sie die Spieler eine neue Szene beginnen.

Festgelegter Statuswechsel

Beschreibung der Übung: Zwei Spieler kommen auf die Bühne und lassen sich vom Publikum jeweils einen Status (Hoch-, Mittel- oder Tiefstatus > siehe dazu auch die Übung „Statusdreier") und eine Rolle (z.B. Vater und Tochter) zuweisen. In diesen Rollen beginnen die Beiden eine kurze Szene (z.B. Der Vater unterhält sich mit seiner Tochter über die Schule). Immer wieder ruft der Trainer: „Stopp! Statuswechsel!" und die beiden Spieler müssen ihren Status wechseln, d.h. den Status des anderen Spielers einnehmen. Wichtig: Der Wechsel muss begründet in die Geschichte eingebaut werden.
Anmerkung zur Durchführung der Übung: Diese Übung ist ein gutes Training, um schnell Statusebenen zu wechseln, sollte aber nicht als Einstiegsübung in das Thema Status durchgeführt werden. Als Vorübung eignen sich z.B. „Am Bahnhof" oder „Statuslisten".
Hinweis: Aus der neuen körperlichen Haltung des neuen Status nach dem Wechsel fällt den Spielern meist von selbst

eine Begründung ein, warum sie jetzt in der Szene in einem anderen Status sind. Wenn das nicht der Fall sein sollte, dann helfen Sie als Trainer den Spielern von außen.

Rauswurf

Beschreibung der Übung: Vier Leute sind auf der Bühne und sitzen auf einer Couch (oder zwei Stühlen nebeneinander, wenn keine Couch vorhanden ist) und zwei Sesseln (oder auch wieder zwei Stühlen, falls es keine Sessel gibt). Die Sessel bzw. Stühle stehen jeweils links und rechts neben der Couch. Die Vorgabe ist, dass es sich um vier Leute auf einer Party handelt, die sich unterhalten. Weiterhin müssen alle immer allen ihre Aufmerksamkeit schenken, d.h. sobald jemand weniger beachtet wird als die anderen, müssen sich die anderen ihm wieder zuwenden, usw. Keiner darf plötzlich „sozial isoliert" sein. Nach einer Weile unterbricht der Trainer das Geschehen und sagt den Akteuren, dass sie jetzt gezielt eine bestimmte Person der vier Leute auf der Bühne sozial isolieren sollen, indem sie ihn z.B. völlig ignorieren, wenn er anfängt, zu sprechen.
Anmerkung zur Durchführung der Übung: Diese Übung ist ein gutes Training, um zu zeigen, welche Macht Menschengruppen haben, wenn sie jemanden integrieren oder ausschließen wollen. Verschiedene Statusebenen (Täter oder Opfer) haben unterschiedliche Verhaltensweisen zur Folge.
Diese Übung sollte erst gespielt werden, wenn sich die Gruppe schon eine Weile kennt bzw. Sie schon einige Zeit mit Ihnen gearbeitet haben. Denn sie kann manchmal ein

bißchen unangenehm werden, v.a. für denjenigen, der sozial isoliert wird. Machen Sie – auch bei erfahrenen Gruppen – immer klar, dass es sich um eine Übung handelt und nicht um das richtige Leben, und wählen Sie als Trainer immer wieder andere Personen, die sozial isoliert werden sollen, damit keiner denkt, dass er deswegen an der Reihe ist, weil er wirklich unangenehm ist.
Lassen Sie ruhig mehrere Gruppen die Übung durchführen und helfen Sie weiter, wenn es ihnen nicht gelingt, jemanden in der Gruppe zu behalten oder sozial zu isolieren, indem Sie z.B. sagen: „Ignorieren Sie jeden Satz, den er sagt. Tun Sie einfach so, als wäre er nicht da."

Bleiben Sie im Hier und Jetzt

Wappenspiel

Beschreibung der Übung: Alle Teilnehmer sitzen auf ihren Stühlen, und jeder bekommt ein Blatt Papier und einen Stift. Jeder zeichnet nun jeweils auf die obere und untere Hälfte des Papiers eine Tätigkeit, die er gerne tut oder besonders gerne tun würde, wie z.B. Rad fahren, Stricken, Surfen...
Aber wichtig: Eine der beiden Tätigkeiten muss gelogen sein, und eine muss stimmen. Ist diese Voraussetzung nicht erfüllt, funktioniert das Spiel nicht. Wenn alle ihre Zeichnungen fertig haben, gehen die Teilnehmer in Gruppen von vier bis fünf Personen zusammen und setzen sich im Kreis auf Stühle. Jeweils einer aus der Gruppe beginnt, stellt sich vor seine drei bis vier Zuschauer und erzählt ihnen anhand seiner Zeichnungen von seinen „geliebten"

Hobbies bzw. Wunschträumen. Er erklärt, was es damit auf sich hat, warum er sie gerne tut, etc.
Nach dieser ca. ein- bis zweiminütigen Vorstellung müssen die Zuschauer der Gruppe raten, welche der beiden Fähigkeiten/Tätigkeiten gelogen ist. Anschließend deckt der Vortragende auf, was tatsächlich gestimmt hat und was nicht. Die Zuschauer sollten dann noch einmal kurz (ein bis zwei Minuten) diskutieren, woran sie sich bei ihrer Entscheidung für Wahrheit oder Lüge orientiert haben (Atmung, schnelles/langsames Sprechen, Körperbewegungen, Ausschmückungen durch Worte,...)
Nun wird durchgewechselt und der Nächste der Gruppe geht nach vorne und stellt seine Lieblingstätigkeiten bzw. Wunschträume vor usw. bis alle aus der Gruppe einmal vorgetragen haben.
Anmerkung zur Durchführung der Übung: Diese Übung ist eine gute Einstiegsübung zum Thema „Seien Sie im Hier und Jetzt". Denn die Teilnehmer müssen im Moment der Themenvorstellung genau hingucken, wie der Vortragende sich verhält. Gleichzeitig lernen sie sich besser kennen.

Hutspiel

Beschreibung der Übung: Zwei Teilnehmer sitzen auf der Bühne auf zwei Stühlen nebeneinander. Beide haben einen Hut auf und bekommen vom Publikum Rollen und ein Thema zugewiesen (z.B. „Ihr seid Mutter und Tochter und redet über den Freund der Tochter"). Nun müssen beide während der Unterhaltung versuchen, ihrem Spielpartner zu einem beliebigen Zeitpunkt den Hut vom Kopf zu nehmen. Gelingt es einem der Beiden, hat er gewonnen. Der Verlierer verlässt die Bühne und gibt einem neuen Teilnehmer seinen Hut, der auf die Bühne geht und mit dem Gewinner weiterspielt (oder eine neue Szene beginnt).

Achtung: Bei einem missglückten Scheinangriff (d.h. einer versucht, den Hut des anderen zu nehmen, aber der Andere hält ihn rechtzeitig fest) hat der verloren, der den Versuch unternommen hat.

Anmerkung zur Durchführung der Übung: Auch diese Übung trainiert das „Im Hier und Jetzt sein". Sobald einer der Beiden anfängt, innerlich zu planen, z.B. wie er dem anderen den Hut herunternehmen kann, hat er in der Regel verloren, weil er in Gedanken bei sich und seinem Plan ist und nicht bei seinem Spielpartner. Der hat dadurch eine gute Chance, den Hut ungehindert herunterzunehmen.

Weitere Tipps:

- Nehmen Sie Hüte, die relativ weich sind und leicht vom Kopf genommen werden können (z.B. alte Herrenhüte).
- Weisen Sie die Spieler darauf hin, dass Sie sich beim gegenseitigen Herunternehmen der Hüte nicht verletzen sollen. Sagen Sie deshalb auch „nehmen" und nicht „reissen".

Klatschkreis

Beschreibung der Übung: Alle stehen im Kreis. Eine beliebige Person A beginnt und klatscht deutlich in Richtung einer beliebigen anderen Person (z.B. B). B klatscht wiederum zu einer beliebigen anderen Person C, usw. Der Klatschkreis darf ruhig immer schneller werden.

Anmerkung zur Durchführung der Übung: Diese Übung ist

ein guter Einstieg – ein Warm-Up – zum Thema „Seien Sie im Hier und Jetzt", da die Teilnehmer mit allen Sinnen wach und aufmerksam sein müssen, um deutlich das Klatschen von anderen Personen zu empfangen und ihr Klatschen an eine andere Person abzugeben.
Um die Aufmerksamkeit der Teilnehmer zu steigern, hilft es, wenn alle die Hände aus den Taschen nehmen und die Hände vor dem Körper klatschbereit halten. Sonst sind sie zu langsam.

Gemeinsames Klatschen im Kreis

Beschreibung der Übung:

Zwei beliebige Personen (A und B) die nebeneinander stehen, sehen sich an und klatschen beide gleichzeitig in die Hände. Wichtig ist, dass nur ein gemeinsames Klatschen zu hören ist. Person A oder B dreht sich anschliessend um 180° zum Nachbarn C, und beide klatschen wieder gleichzeitig, wie oben beschrieben. Das geht paarweise, nacheinander reihum.
Anmerkung zur Durchführung der Übung: Diese Übung ist – ähnlich wie die Übung „Klatschkreis" – ein guter Einstieg in das Thema „Seien Sie im Hier und Jetzt". Denn nur wenn die Beteiligten im Hier und Jetzt sind, klatschen zwei Personen gleichzeitig, d.h. nur dann hört man wirklich nur einen Klatscher. Sobald einer der Beiden die Kontrolle übernimmt, indem er plant oder seinen Rhythmus durchsetzen will, klappt der gemeinsame Klatscher nicht. Es sind dann immer zwei Klatscher kurz hintereinander zu hören.

Sinne ein- und ausschalten

Beschreibung der Übung: Alle laufen kreuz und quer durch den Raum. Auf Anweisung des Trainers schauen alle den ganzen Raum mit ihren Augen an, jede Kleinigkeit, die sie vielleicht vorher noch nicht wahrgenommen haben. Nachdem sie das eine Weile gemacht haben (nicht zu lange!), wechseln alle zum Hören und versuchen, mit ihren Ohren alles zu hören, was da ist, Geräusche von den anderen Teilnehmern, Lärm, der von außen in den Raum dringt, Geräusche vom eigenen Körper, etc. Anschließend konzentrieren sich alle auf den Sinn des Riechens und versuchen alle Gerüche wahrzunehmen, die im Raum sind. Als Letztes schalten alle um auf das Schmecken und konzentrieren ihre ganze Aufmerksamkeit auf die Geschmäcker, die sie wahrnehmen. Am Ende schalten sie alle vier Sinne gleichzeitig ein.

Anmerkung zur Durchführung der Übung: Das Ziel dieser Übung ist es, wirklich im Hier und Jetzt anzukommen und alles für den Moment auszuschalten, was einen sonst noch beschäftigt, wie z.B. den Ärger mit dem Partner, Stress mit Kollegen oder andere Probleme im Job.

Diese Übung kann als Einstieg in ein Seminar funktionieren, wenn die Teilnehmer keine Ängste vor dem Seminar haben. Ansonsten lässt sich die Übung in der Regel spätestens am zweiten Tag einsetzen, wenn eine Gruppe sich schon etwas besser kennt und die Teilnehmer merken, dass das Seminar Spaß macht.

Blind vorwärts gehen

Beschreibung der Übung: Die Gruppe der Teilnehmer wird in zwei oder drei Gruppen à sieben bis zehn Personen aufgeteilt. Eine Gruppe stellt sich auf eine Seite des Raumes in einer Reihe nebeneinander auf, so dass sich die einzelnen Personen nicht berühren, sie aber auch nicht zu weit auseinander stehen. Alle schließen die Augen. Die Übrigen sitzen auf der anderen Seite des Raumes und schauen zu. Die Gruppe mit den geschlossenen Augen hat die Aufgabe, ohne zu sprechen in einer Linie in Richtung der Zuschauer vorzurücken. Kurz bevor der erste der „Vorrücker" bei den Zuschauern angekommen ist, rufen Sie als Trainer „Stopp! Bleiben Sie stehen, aber lassen Sie die Augen noch geschlossen. Wenn Sie denken, dass Sie noch zu weit vorne oder zu weit hinten sind, korrigieren Sie mit geschlossenen Augen Ihre Position." Nachdem diese Korrekturen ausgeführt wurden, lassen sie die Vorrücker die Augen öffnen und diskutieren Sie sowohl mit den Zuschauern als auch mit den Vorrückern die Übung, indem Sie z.B. die Vorrücker fragen:

- „Haben Sie gemerkt, dass Sie weiter vorne oder weiter hinten standen als XY?"
- „Worauf haben Sie geachtet? Nur auf das Hören? Oder haben Sie sonst irgendwie gespürt, ob noch jemand neben Ihnen war?"
- „Haben Sie gemerkt, dass Sie schief gelaufen sind?"
- etc.

Dann lassen Sie dieselbe Gruppe die Übung noch einmal durchführen, aber wechseln Sie die Spieler, die vorher innen standen nach außen und umgekehrt. Fragen Sie im Anschluss daran, ob Innen und Außen für sie einen Unterschied gemacht haben.
Anschließend geht die nächste Gruppe nach vorne, und die alten Vorrücker gehen zu den Zuschauern usw., so lange bis alle zweimal vorgerückt sind.
Anmerkung zur Durchführung der Übung: Diese Übung trainiert das „Im Hier und Jetzt sein" auf einer anderen Sinnesebene als nur die der Augen. Je öfter eine Gruppe blind vorrückt, desto gerader wird in der Regel die Linie.

Geschichte gleichzeitig

Beschreibung der Übung: Zwei Personen stehen „face-to-face" dicht voreinander und erzählen sich gegenseitig eine Geschichte zu zwei verschiedenen Themen, z.B. Person A zum Thema „Windlicht" und Person B zum Thema „Schnürsenkel". Nach jeweils ca. 20 Sekunden sagt der Trainer: „Wechsel!", d.h. jeder muss die Geschichte des Partners weitererzählen. Nach wieder etwa 20 Sekunden kommt der nächste Wechsel. Die Paare müssen also gleichzeitig sprechen und zuhören.
Anmerkung zur Durchführung der Übung: Am Besten funktioniert die Übung, wenn die Paare sich in die Augen schauen, nicht zu schnell sprechen und nicht anfangen, nachzudenken. Denn nur, wenn die Beiden im Hier und Jetzt sind, klappt es. Wenn manche in der ersten Runde Schwierigkeiten haben, machen Sie einfach eine zweite. Meist geht es dann schon viel besser.

Nachahmen im Kreis

Beschreibung der Übung: Alle stehen unbeweglich im Kreis und jeder sucht sich eine Person aus, die er anschaut und nachahmt, ohne bewusst eine Bewegung zu initiieren.
Wichtig: Es sollten sich nicht zwei Personen gegenseitig anschauen, d.h. wenn A Person B anschaut, sollte B nicht A anschauen, sondern z.B. C. In der Regel fängt irgend jemand (oder mehrere) nach einer Weile an, ganz leicht zu schwanken oder eine Hand leicht zu bewegen, o.ä. Der Beobachter dieser Person übernimmt dieses Schwanken. Der, der den Beobachter beobachtet, macht das Gleiche etc. Lassen Sie die Übung ruhig eine ganze Weile laufen, so lange, bis die Bewegungen von ganz alleine immer stärker geworden sind und die ganze Gruppe irgend etwas macht.
Variation: Die Hälfte der Teilnehmer geht im Kreis in ihrem normalen Gang hintereinander her. Jeder macht jeweils den Vordermann nach, ohne bewusst eine „lustige" Bewegung zu initiieren. Die andere Hälfte der Teilnehmer schaut zu. Anschließend wechseln Akteure und Zuschauer.
Anmerkung zur Durchführung der Übung: Auch hier geht es darum, sich auf das Hier und Jetzt zu konzentrieren und genau hinzugucken, was vielen oft sehr schwer fällt.
Hinweis: Achten Sie darauf, dass einzelne Teilnehmer nicht bewusst Bewegungen initiieren. Denn es geht wirklich darum, auf kleine spontane Bewegungen zu achten und sie wahrzunehmen und nicht irgendwelche „witzigen" Bewegungen zu beginnen.

Satz-für-Satz-Geschichten

Beschreibung der Übung: Alle stehen im Kreis. Eine Person A beginnt eine Geschichte mit einem beliebigen ersten Satz. Die Person links neben Person A sagt den zweiten Satz der Geschichte, usw. Die Geschichte sollte zu Ende sein, wenn alle reihum einen Satz gesagt haben.

Variation 2: Das gleiche Prinzip wie Variation 1, nur dass zusätzlich folgende Regel gilt: Die ersten vier bis fünf Leute etablieren Satz für Satz eine neutrale Plattform für eine Geschichte (z.B. Es war ein sonniger Tag. Elisabeth will schwimmen gehen. Sie packt ihre Sachen. Sie schwingt sich auf ihr Fahrrad. Sie fährt zum See.). Die nächsten vier bis fünf Personen bringen ein Problem in die Geschichte ein (z.B. Am See angekommen bekommt Elisabeth einen Schreck. Klaus ist da. Ihr Exfreund. Er hatte sie vor vier Wochen verlassen, weil er mehr Zeit für sich brauchte.). Die letzten vier bis fünf Personen bringen die Geschichte zu einem Ende (z.B. Elisabeth reißt sich zusammen und geht auf Klaus zu. Klaus fängt an zu weinen und sagt: „Ich habe Dich vermisst! Ich kann ohne Dich nicht leben!" Elisabeth ist gerührt, nimmt ihn in die Arme und gibt ihm eine zweite Chance.).

Variation 3: Gleiche Ausgangssituation wie bei Varation 1 und 2.

Aber: Die erste Person im Kreis beginnt, den ersten Satz einer Geschichte zu erzählen. Sie fängt folgendermaßen an: Es war einmal... Die nächste Person im Kreis sagt den zweiten Satz der Geschichte, der folgendermaßen beginnt: Und jeden Tag... Person 3 sagt den dritten Satz, der so

anfängt: Bis eines Tages… Einige weitere Personen: Und deswegen… Dann: Bis endlich… Und am Ende: Und seit damals… Ende der Geschichte.
Anmerkung zur Durchführung der Übung: Die Schemata sind nicht in Stein gemeißelt. Die Geschichten müssen nicht reihum laufen und nicht immer nach einem Kreis zu Ende sein. Sie können auch kreuz und quer im Kreis erzählt werden und je nach Gruppengröße mehrere Kreise durchlaufen oder nach einem halben Kreis schon zu Ende sein. Wichtig ist, dass alle sich im Hier und Jetzt zuhören und aufeinander achten.

Geschichte rückwärts

Beschreibung der Übung: Die Teilnehmer stehen im Kreis. Einer beginnt mit dem letzten Satz einer Geschichte und bestimmt, ob es im oder gegen den Uhrzeigersinn weitergehen soll. Der Nächste sagt den vorletzten Satz dieser Geschichte, der Nächste den vorvorletzten, usw., bis alle dran waren und der Letzte den ersten Satz der Geschichte sagt. Die Geschichte wird also rückwärts erzählt.
Die Teilnehmer müssen sich ihren Satz merken, denn wenn der Kreis durchlaufen wurde, wird die Geschichte noch einmal in der richtigen Reihenfolge von vorne erzählt. Dann merkt man, wo Brüche sind.
Anmerkung zur Durchführung der Übung: Auch diese Übung funktioniert nur, wenn sich die Teilnehmer auf das Hier und Jetzt konzentrieren. Denn sobald sie anfangen, zu planen, hören sie nicht mehr zu, verlieren den Faden der Geschichte und es gibt Brüche, die im anschließenden

Vorwärts-Erzählen deutlich werden.
Man kann diese Übung mehrfach wiederholen, z.B. untergehakt, auf dem Boden sitzend oder mit geschlossenen Augen (um das Bilder-Sehen noch stärker zu aktivieren). Im Allgemeinen fällt es den Teilnehmern immer leichter, eine schlüssige Geschichte ohne Brüche – auch rückwärts – zu erzählen, je öfter sie es machen.

Gleichzeitig hochhüpfen

Beschreibung der Übung: Alle stehen im Kreis. Vorgabe ist, dass – ohne Absprache – immer eine Person hochhüpft, nicht zwei oder drei oder mehr auf einmal. Ziel ist es, dass immer nur einer springt.
Anmerkung zur Durchführung der Übung: Auch diese Übung funktioniert nur, wenn alle im Hier und Jetzt sind. Denn dann nehmen sie genau den Moment bzw. die Momente wahr, wann sie hochhüpfen können, ohne dass ein Anderer gleichzeitig dasselbe tut.
Wichtig: Die Teilnehmer sollten sich kein System ausdenken, wer wann hochhüpft, sondern sich einfach auf den Moment konzentrieren. Je häufiger sie dieses Spiel machen, desto besser werden sie und desto länger klappt es, ohne, dass mehr als eine Person gleichzeitig springt.

Bis 21 zählen

Beschreibung der Übung: Alle stehen mit geschlossenen Augen im Kreis und haben sich gegenseitig untergehakt. Ziel ist es, ohne Absprache untereinander bis 21 zu zählen, d.h. einer sagt „eins", ein beliebig anderer „zwei", usw.

Sobald zwei Personen gleichzeitig reden/sich ins Wort fallen, beginnt die ganze Gruppe von vorne zu zählen.
Anmerkung zur Durchführung der Übung: Die Übung funktioniert ähnlich wie „Gleichzeitig hochhüpfen".

A-B-A-B Lauf

Beschreibung der Übung: Die Gruppe wird zu gleichen Teilen aufgeteilt in A's und B's. Zu Beginn stehen die A's im Raum verteilt. Die B's laufen um sie herum. Irgendwann initiieren die B's einen gemeinsamen Halt, d.h. alle B's halten an. In dem Momenet setzen sich die A's gemeinsam in Bewegung, usw. Alles ohne Absprache.
Variation 1: Nicht die Läufer initiieren den Halt, sondern die, die stehen.
Variation 2: A's und B's laufen durch den Raum und reden dabei laut vor sich hin, z.B. was sie am letzten Wochenende gemacht haben. Irgendwann bleibt eine beliebige Person stehen. Sofort halten auch die anderen an (hören aber nicht auf, vor sich hin zu sprechen). Eine beliebige andere Person initiiert irgendwann wieder den Start, usw.
Anmerkung zur Durchführung der Übung: Diese Übung funktioniert ähnlich wie „Gleichzeitig hochhüpfen" oder „Bis 21 zählen". Je öfter sie solche Übungen machen, desto besser werden die Teilnehmer in der Wahrnehmung des Hier und Jetzt.

Seien Sie wohlwollend und inspirieren Sie andere

Nöööö

Beschreibung der Übung: Ein Freiwilliger wird nach vorne geholt und setzt sich auf einen Stuhl mit Blick ins Plenum. Seine einzige Aufgabe besteht darin „Was kommt als Nächstes?“ zu fragen. Sobald er diese Frage gestellt hat, macht ihm eine beliebige Person aus dem Publikum einen Vorschlag, z.B. „Du stehst auf!“ oder „Du gehst zum Fenster“ oder „Du putzt Dir die Nase“. Der Freiwillige horcht kurz in sich hinein und entscheidet spontan, ob er auf den Vorschlag Lust hat oder nicht.

Hat er Lust dazu, führt er ihn aus, d.h. er steht auf, geht zum Fenster, putzt sich die Nase, etc. Anschließend fragt er wieder „Was kommt als Nächstes?“ Hat er keine Lust, den Vorschlag auszuführen, sagt er kurz FREUNDLICH (WICHTIG!) „Nein!“ oder „Nööö!“ und fragt wieder „Was kommt als Nächstes?“ Das Publikum muss sich nun etwas Neues ausdenken.

Nach fünf bis zehn Vorschlägen kann der Freiwillige vorne ausgetauscht werden, oder man lässt die Teilnehmer die Übung in Zweierpaaren im Raum verteilt ausprobieren.

Variation 2: Sie holen zwei Freiwillige nach vorne, die die gleiche Übung zu zweit machen, d.h. Einer ist der Vorschlaggeber, der Andere entscheidet, ob er den Vorschlag annimmt oder nicht. Nimmt er ihn nicht an, sagt er freundlich „Nein!“ oder „Nööö!“, und der Vorschlaggeber muss sich etwas Neues ausdenken. Nimmt er ihn an, führen ihn beide (Vorschlaggeber und -nehmer) zusammen aus, d.h. sie gehen z.B. zusammen durch den Wald, finden zusammen eine Kiste, trinken zusammen einen Kaffee, etc. Nach fünf bis zehn Vorschlägen tauschen Vorschlaggeber und -nehmer die Rollen und erfinden eine neue Geschichte.

Anmerkung zur Durchführung der Übung: Ziel der Übung ist es, ein Gespür dafür zu entwickeln, wie man andere im Gespräch inspirieren kann und dadurch die Kommunikation und damit das Betriebsklima verbessert. Meist merken die Beteiligten sehr schnell, dass sie v.a. dann ein „Nein!" von ihren Gesprächspartnern bekommen, wenn sie Vorschläge machen, die den anderen vorführen und bloßstellen (z.B. Du übergibst Dich, Du hüpfst auf einem Bein im Kreis oder Du machst einen Kopfstand)

Ganz Wichtig: Üben Sie vor Durchführung der Übung das freundliche „Nein!" oder „Nöööö!" mit dem oder den Akteur/en. Wenn ein Teilnehmer Schwierigkeiten damit hat, kann es helfen, wenn er beim „Nein"- bzw. „Nööö"-Sagen die Augenbrauen nach oben zieht.

Und noch zwei Tipps:

- Achten Sie bei der ersten Variation der Übung darauf, dass die Zuschauer wirklich immer erst einen neuen Vorschlag machen, wenn der Freiwillige vorne „Was kommt als Nächstes?" fragt. Sonst kann es leicht passieren, dass fünf Leute gleichzeitig Vorschläge machen und der Freiwillige nicht mehr weiß, wie er reagieren soll. Bei Variation 2 kann aus demselben Grund der Satz „Was kommt als Nächstes?" weggelassen werden. Denn hier kann niemand jemandem ins Wort fallen, weil es nur einen Vorschlaggeber gibt.
- Die Vorschläge können bei beiden Variationen entweder real ausgeführt werden, d.h. beim Vorschlag „Sie gehen

zum Fenster", geht der Akteur entweder zum echten Fenster des Raumes, oder er tut so, als ob er sich auf einer Bühne befindet und zu einem imaginären Bühnenfenster geht. Für Neulinge sind die realen Dinge meist einfacher.

Ja-Genau mit Rausgehen

Beschreibung der Übung: Die Hälfte der Teilnehmer läuft im Raum herum. Die andere Hälfte sitzt daneben und schaut den Läufern zu. Einer der Läufer (egal, wer) beginnt und macht den anderen Läufern einen Vorschlag, z.B. „Lasst uns alle auf den Boden setzen!" oder „Wir strecken alle die Arme nach oben!" (bisher wie bei „Ja, genau"). Die anderen Läufer sagen zu diesem Vorschlag laut und begeistert „Ja, genau!" und führen ihn alle zusammen durch, wenn sie das Gefühl haben, dass sie in dem Moment Lust auf diesen Vorschlag haben. Wenn nicht, verlassen sie die „Arena" und gehen zu den Zuschauern. Auf diese Weise wird die Anzahl der Personen, die in der Mitte sind, immer geringer.

Wichtig: Der, der den Vorschlag macht, darf nicht aufgrund seines eigenen Vorschlages gehen. Anschließend tauschen die Läufer mit den Zuschauern, und das ganze Spiel beginnt von vorne mit den neuen Läufern und ihren neuen Vorschlägen.

Anmerkung zur Durchführung der Übung: Diese Übung ist eine gute Alternative bzw. Ergänzung zu „Nöööö!"

Wenn Sie als Trainer merken, dass den Läufern am Anfang keine Vorschläge einfallen, dann spielen Sie selbst mit und machen die ersten Vorschläge. In der Regel fällt es dann den Läufern leichter, sich selbst weitere Vorschläge auszudenken.

Szenen mit Sätzen im Kopf

Beschreibung der Übung: Zwei bis drei Personen sind auf der Bühne und spielen eine neutrale Szene (entweder mit einem vorgegebenen Dialog oder frei).

Beispiel:

A: „Hallo Schatz!"

B: „Hallo. Wie war Dein Tag?"

A: „Anstrengend."

B: „Hast Du Hunger?"

A: „Ja."

B: „Ich hab schon gekocht und den Tisch gedeckt."

A: „Super. Lass uns essen."

Anschließend werden beide Spieler vom Trainer beiseite genommen, und ihnen wird gesagt, dass sie dieselbe Szene noch einmal spielen sollen, aber mit dem Satz „ich hasse Dich" im Kopf. Dieser Satz soll sich die ganze Zeit während der Szene wie ein Mantra in ihrem Kopf wiederholen, darf aber nicht ausgesprochen werden. Nachdem die Szene auf diese Art und Weise noch einmal gespielt wurde, müssen die Zuschauer raten, was die Spieler verändert haben. Bevor verraten wird, was anders gemacht wurde, kann dieselbe Szene noch einmal mit einem anderen

Satz im Kopf (z.B. „ich liebe Dich") oder eine neue Szene mit neuen Leuten und demselben Satz im Kopf wiederholt werden.

Variation 1: Lassen sie die Teilnehmer in Dreier-Gruppen zusammen gehen und folgendes machen: Zwei improvisieren einen kurzen Dialog (s.o.) und denken sich dabei entweder das Mantra (den Satz im Kopf) „ich liebe dich" oder „ich hasse dich". Die dritte Person schaut sich den Dialog an und versucht danach zu erraten, welches Mantra sich wer von Beiden gedacht hat. Dann spielen die Beiden denselben Dialog noch einmal mit dem umgekehrten Mantra. Anschließend wird im Uhrzeigersinn gewechselt und eine neue kurze Szene gespielt, damit der Zuschauer auch einmal spielen kann.

Variation 2: Sie stellen sich als Trainer vor die Gruppe und sagen, dass alle das „Ich hasse dich"- Mantra im Kopf haben sollen. Nun soll sich jeder zu seinem Nebenmann drehen (so dass sich immer zwei Personen anschauen) und mit diesem Mantra im Kopf mit ihm ein kurzes Gespräch führen. Nach ca. einer Minuten unterbrechen Sie die Paare und sagen ihnen, dass sie nun das Gespräch mit „ich liebe dich" wiederholen sollen.

Anmerkung zur Durchführung der Übung: Diese Übung und ihre Variationen sind gut, um zu zeigen, dass nonverbale Kommunikation eine große Rolle im Gespräch mit anderen spielt. Die Ausstrahlung zwischen „Ich liebe dich" und „Ich hasse dich" ist komplett anders, auch wenn der Dialog gleich bleibt.

Um anderen gegenüber eine wohlwollende Ausstrahlung zu haben und sie im Gespräch zu inspirieren, ist es hilfreich, während des Gesprächs einen positiven Satz im Kopf zu haben und nicht so etwas wie „Schon wieder diese Knalltüte" oder „Oh Gott, der nervt, wie jedes Mal". Besser ist: „Heute hat er eine schöne Frisur" oder „Seine Augen sind schön" oder „Er ist doch nicht so verkehrt". Es muss nicht immer „Ich liebe Dich" sein. Die Ausstrahlung wird sich bei einem positiven Satz verändern, und das Gespräch wird produktiver verlaufen. Wichtig (und das ist das Schwierigste): Der Satz sollte ehrlich gemeint sein. Sonst bleibt die nonverbale Ausstrahlung negativ.

Vortrag mit Satz im Kopf

Beschreibung der Übung: Ein Teilnehmer stellt sich mit seiner „Jodeltruppe" (vier bis fünf weitere Personen) vor die übrigen Teilnehmer und kündigt kurz den nächsten Auftritt an, z.B. „Herzlich Willkommen meine Damen und Herren. Wir sind die Jodel-Singers und werden Ihnen gleich unsere neuesten Stücke präsentieren! Sie sind alle von unserer letzten CD, die vor zwei Wochen auf den Markt gekommen ist." Anschließend wird die Gruppe vom Trainer aus dem Zimmer geführt, und ihnen wird folgende Anweisung gegeben: „Man hat Euch gesagt, die Zuschauer sind ziemlich doof. Wenn ihr reinkommt, seht ihr, dass sie noch blöder sind als gedacht. Aber wichtig: Ihr dürft ihnen nicht zeigen, wie blöd ihr sie findet, denn ihr seid Profis. Wenn ihr es ihnen zeigt, dann werdet ihr vom Chef gefeuert." Mit dieser Vorgabe geht die Jodeltruppe wieder in den Raum, und der Chef der Truppe kündigt den Auftritt ein zweites Mal an.

Dann macht die Gruppe dasselbe noch einmal, aber mit folgender verdeckter Vorgabe: „Man hat euch gesagt, dass die Leute, vor denen ihr jetzt gleich auftreten werdet nett sind. Wenn ihr jetzt in den Raum geht, seht ihr, dass sie noch viel netter sind als ihr dachtet, so nett, dass ihr am liebsten mit allen ins Bett steigen wollt. Aber (und das ist wieder ganz wichtig): Ihr dürft ihnen nicht zeigen, dass ihr sie so sexy findet. Sonst seid ihr alle gefeuert!"

Variation: Sie können die Übung auch mit einer Person vormachen lassen und nicht mit einer ganzen Gruppe. Diese Person soll erst kurz neutral von ihrem letzten Urlaub erzählen und bekommt dann nacheinander die Vorgabe(n). Der Vorteil bei der Variation ist, dass Sie die Übung mit ein paar Leuten wiederholen können, bevor Sie verraten, welche Vorgabe Sie dem Akteur gemacht haben (natürlich ist es nicht verboten, auch Großgruppen die Übung wiederholen zu lassen, aber da passiert es Ihnen sehr schnell, dass alle dran waren und dadurch sowieso alle wissen, um was es geht).

Der Nachteil der Ein-Personen-Variation ist, dass sich Menschen alleine auf der Bühne meistens unwohler fühlen als in Gruppen und aus Schüchternheit die Wirkung manchmal nicht so stark ist wie bei der Guppen-Variation. Probieren Sie einfach beide Variationen aus. Dann finden Sie ganz schnell heraus, mit welcher Sie sich wohler fühlen (es kommt auch ein bißchen auf die Gruppe an, welche der beiden Variationen besser funktioniert).

Anmerkung zur Durchführung der Übung: Diese Übung hat ein ähnliches Ziel wie „Szene mit Satz im Kopf".

Biep-Biep-Biep

Beschreibung der Übung: Sechs Personen gehen zusammen. Fünf setzen sich in eine Reihe auf Stühlen, die sechste Person stellt sich vor die Gruppe und erzählt ihnen irgend etwas (z.B. vom letzten Urlaub, vom Seminar,...). Die Sitzenden haben die rechte Hand in die Luft gestreckt und senken sie immer weiter herunter, wenn sie sich vom Redner nicht mehr angeschaut bzw. beachtet fühlen. Sobald die Hand auf dem Schoss liegt, sagen sie laut „biep biep biep!" bis sie das Gefühl haben, sie haben die Aufmerksamkeit des Redners zurück. Dann geht ihre Hand wieder nach oben, usw. Jeder der sechs Personen sollte einmal vorne stehen und ein paar Minuten etwas erzählen.
Anmerkung zur Durchführung der Übung: Diese Übung ist gut im Anschluss an die Übungen „Szenen mit Sätzen im Kopf" und/oder „Vortrag mit Satz im Kopf". Die Hände bleiben meist dann am längsten oben, wenn der Redner eine positive Ausstrahlung hat, d.h. wenn er positive Sätze im Kopf hat. Außerdem hilft es, wenn er entspannt ist und über etwas redet, was ihm Spaß macht. Dabei ist der Blickkontakt interessanterweise zweitrangig. Wenn der Redner positiv und entspannt ist und noch Spaß dabei hat, bleiben die Hände meist auch dann oben, wenn er nicht immer zu allen Blickkontakt hat.

Blind führen

Beschreibung der Übung: Zweiergruppen. Einer der Beiden schließt die Augen. Der andere führt ihn (durch leichtes Berühren seiner Hand) durch den Raum und achtet dabei darauf, dass dem Partner nichts passiert (WICHTIG!). Nach ein paar Minuten tauschen die Beiden die Rollen.

Variation 1: Die Beiden führen sich ohne Berührung, nur mit Worten (geradeaus, stopp, links, rechts, etc.) oder Tönen, für die sie vorher vereinbaren, was gemeint ist (bei Fortgeschrittenen kann die Absprache auch wegfallen), durch den Raum.

Variation 2: Die Beiden führen sich durch den Raum und der, der gerade führt, hält mit seinem Schützling immer wieder an und sagt ihm, dass er ganz kurz – wie ein Photoapparat – die Augen auf- und wieder zumachen soll. Diese Prozedur wird an drei bis vier Orten im Raum wiederholt. Anschließend fragt der „Führer" den Geführten, wo er an den verschiedenen Orten war.

Anmerkung zur Durchführung der Übung: Hier wird auf einer anderen Ebene trainiert, den Partner wohlwollend zu behandeln und ihn zu inspirieren. Nur wenn sich der „Blinde" sicher fühlt, wird er fast alles mitmachen, selbst wenn der „Führer" ihn auch mal rennen oder auf einen Stuhl steigen lässt.

Schnippen

Beschreibung der Übung: Ein Teilnehmer sitzt als „König" auf der Bühne auf einem Stuhl oder auf einer Couch (wenn eine vorhanden ist). Ein Spieler aus dem Publikum kommt dazu und spricht den König auf irgendeine Art und Weise an, d.h. er bringt ihm die Zeitung, massiert ihn, erzählt ihm etwas, fällt vor ihm auf die Knie, etc. Sobald der König sich nicht mehr wohlfühlt in der Szene, schnippt er mit

den Fingern und der, der dazugekommen ist, stirbt einen tragischen Tod. Der nächste geht zum König und versucht etwas anderes, usw.
Variation: Zwei Teilnehmer improvisieren eine Zweier-Szene, z.B. „Er" bringt „Sie" zum ersten Mal in seine Wohnung. In der Szene dürfen Beide mit den Fingern schnippen, wenn sie sich nicht mehr wohlfühlen. Sobald einer schnippt, wird der Andere von drei „Bodyguards" (drei weitere Freiwillige aus dem Plenum) aus dem Raum getragen und muss laut rufen „Aber ich bin ein guter Improspieler!!!!".
Anmerkung zur Durchführung der Übung: Lassen Sie die Übung in beiden Variationen mit mehreren Personen über längere Zeit spielen, damit die Teilnehmer ein Gefühl dafür bekommen, was sie machen müssen, damit ihr Spielpartner inspiriert ist und sich wohlfühlt, d.h. nicht schnippt.

Das Publikum interessieren

Beschreibung der Übung: Teilen Sie die Teilnehmer in Gruppen von fünf Personen auf. Die erste Fünfer-Gruppe beginnt auf der Bühne. Die anderen sitzen als Zuschauer im Raum. Einer der fünf Bühnenspieler beginnt, indem er sich in die Mitte der Bühne stellt und dem Publikum eine ganz einfache und banale Handlung präsentiert. Er setzt z.B. seine Brille ab oder stellt sich auf ein Bein. Dabei muss er dem Publikum seine Tätigkeit so präsentieren, als wäre sie etwas ganz Außergewöhnliches, d.h. er muss versuchen, das Publikum für diese Tätigkeit zu interessieren.
Wenn er fertig ist, bekommt er vom Publikum einen tosenden

Applaus. Er verbeugt sich, geht zurück zu seiner Gruppe und stellt sich dort hinten an. Daraufhin geht der Nächste dieser Gruppe in die Mitte der Bühne und macht etwas Banales vor, etc. Nachdem jeder aus der Gruppe mindestens zwei Mal vorne war, geht die nächste Fünfer-Gruppe nach vorne, usw.

Anmerkung zur Durchführung der Übung: Diese Übung ist ein guter erster Schritt, um zu lernen, dass es bei allen Dingen, die man auf der Bühne macht (Shows, Vorträge, Reden...) das Wichtigste ist, das Publikum zu interessieren, indem man es wohlwollend behandelt und inspiriert. Denn nur dann wird die Bühnenpräsentation ein Erfolg.

Fieses Spiel

Beschreibung der Übung: Eine Person A geht auf die Bühne und führt den anderen Teilnehmern irgend etwas vor, was ihr einfällt, egal, was. Sie kann z.B. von ihrem letzten Urlaub erzählen oder etwas Pantomimisches zeigen, etc. Die übrigen Teilnehmer gucken zu. Sobald die Zuschauer das Gefühl haben, dass das, was auf der Bühne passiert, nicht mehr interessant für sie ist, verlassen sie den Raum. Der Trainer stoppt die Zeit. Wenn mehr als die Hälfte der Zuschauer den Raum verlassen hat, wird die Zeit genommen, die A auf der Bühne durchgehalten hat und notiert. A verlässt nun die Bühne, geht ins Publikum und eine neue Person B geht auf die Bühne und macht etwas Neues, so lange bis mehr als die Hälfte der Zuschauer den Raum verlassen hat, usw.

Anmerkung zur Durchführung der Übung: Diese Übung ist

eine gute Anschlussübung an „Das Publikum interessieren" mit einem ähnlichen Ziel. Es empfiehlt sich jedoch, dieses Spiel – am besten schon am Vortag – als wirklich fies und gemein anzukündigen. Denn dann haben die Teilnehmer vorher zwar Angst, empfinden das Spiel selbst jedoch als „gar nicht so schlimm".

Außerdem sollten sie diese Übung erst durchführen, wenn sie mit der Gruppe schon eine Weile gearbeitet haben, also am zweiten oder dritten Seminartag. Denn es kostet schon einige Überwindung, sich vor eine Gruppe von Menschen zu stellen, die ihr Missfallen an der eigenen Darbietung durch Verlassen des Raumes zeigen. Sagen Sie den Zuschauern, dass sie nicht aus Höflichkeit im Raum bleiben, sondern wirklich das Zimmer verlassen sollen, wenn sie das Bühnengeschehen nicht mehr interessiert. Ermuntern Sie die Teilnehmer, auf die Bühne zu gehen und das möglichst oft, auch und gerade die Schüchternen. Denn nur auf diese Weise verlieren sie ihre Angst und profitieren von dieser Übung (denn es kommt im einzelnen nicht so darauf an, ob man immer gut ist, wenn man 20 Mal nach vorne geht). Spielen Sie das Spiel deshalb auch ausreichend lange, damit für jeden einzelnen genug Zeit vorhanden ist, möglichst oft auf die Bühne zu gehen.

Sagen Sie vor Beginn der Übung, dass beim ersten Mal gewöhnlich mehr als die Hälfte der Zuschauer nach ca. fünf bis zehn Sekunden den Raum verlässt. Damit reduzieren Sie den Druck auf die Auftretenden, da Sie implizit sagen, dass es schon eine großartige Leistung ist, die Hälfte der Leute für zehn Sekunden im Raum zu halten.

Das Monsterspiel

Beschreibung der Übung: Ein Freiwilliger wird aus dem Raum geschickt. Mit den anderen Teilnehmern wird im Raum ein Ort vereinbart, an dem es viele Geräusche gibt (z.B. ein Fußballstadion, ein Wald,...). Dann gehen Sie als Trainer zum Freiwilligen nach draußen, verbinden ihm die Augen und führen ihn wieder in den Raum hinein. Sobald er im Raum in der Mitte steht oder auf einem Stuhl sitzt, beginnen die Teilnehmer mit Geräuschen und Berührungen (möglichst ohne Reden) die vereinbarte Umgebung um ihn herum zu kreieren.
Anmerkung zur Durchführung der Übung: Machen Sie ganz deutlich, dass sich der Teilnehmer mit den verbundenen Augen wohlfühlen muss. Er ist die wichtigste Person in diesem Spiel, die den anderen komplett vertrauen muss.
Ermuntern Sie die Teilnehmer, alle Dinge im Raum als Geräuschkulisse, Berührobjekte, etc. zu verwenden. Sagen Sie ihnen auch, dass sie nicht immer alle etwas machen müssen, sondern nur, wenn sie das Gefühl haben, dass sie gerade gebraucht werden.
Die Übung kann mehrfach wiederholt werden bzw. immer wieder während des Seminars mit anderen „Blinden" gespielt werden.

Strich für Strich zeichnen

Beschreibung der Übung: In Zweierpaaren. Die Paare bekommen ein Blatt Papier und zwei Stifte. Person A beginnt und zeichnet die Augen irgendeines Wesens. Person B zeichnet daraufhin den nächsten „Strich", z.B. den Kopf.

Daraufhin zeichnet Person A z.B. ein Ohr, usw. Wenn Beide denken, dass das Wesen nun fertig ist, geben sie ihm Buchstabe für Buchstabe einen Namen. Person A schreibt z.B. T, Person B z.B.I, usw. bis der Name „fertig" ist.
Anmerkung zur Durchführung der Übung: Lassen Sie die Zweierpaare ruhig ein paar dieser Wesen zeichnen und sagen sie dazu, dass es Spaß machen soll. Sobald es einem der Beiden keinen Spaß mehr macht, können sie den Zettel zerknüllen und ein neues Wesen beginnen.
Diese Übung ist gut, um zu trainieren, nicht auf seinen eigenen Ideen zu beharren, sondern den Fokus auf den Partner zu legen und ihn zu inspirieren. Denn sonst macht es ihm sehr schnell keinen Spaß mehr, und die „Wesen" werden langweilig und uninspiriert.

Blinder Hindernislauf

Beschreibung der Übung: Verbinden Sie einem Teilnehmer die Augen und stellen Sie ihn auf eine Seite des Seminarraums. Ein weiterer Teilnehmer ist sein „Lotse" und stellt sich auf die andere Seite des Seminarraums. Die übrigen Teilnehmer (oder ein Teil von ihnen, je nach Gruppengröße) bauen sich dazwischen als Hinternisse auf, durch die der Lotse den „Blinden" ohne Anstoßen führen muss. Das Lotsen kann entweder durch vorher vereinbarte Laute (z.B. „Biep!" für vorwärts „Klack!" für Stopp, usw.) oder einfach durch Worte wie „vorwärts", „stopp", „links", „rechts", etc. erfolgen. Als Trainer stoppen Sie die Zeit, die der „Führer" braucht, um den Blinden durch alle Hindernisse zulotsen.
Nun verbinden Sie einem anderen Teilnehmer die Augen,

bestimmen einen neuen Lotsen und die übrigen Teilnehmer als neue Hindernisse, usw. Der Lotse, der seinen Blinden am schnellsten durch die Hinternisse bekommt, hat gewonnen.
Anmerkung zur Durchführung der Übung: Betonen Sie auch hier wieder, dass dem Blinden nichts passieren darf. Oberste Priorität ist, dass er sich sicher fühlt. Die Hindernisse können auch beweglich sein, sich also drehen oder die Arme ausbreiten und wieder schließen. Wichtig ist, dass die Bewegung gleichmäßig ist, damit der Lotse nicht auf Unvorhergesehenes reagieren muss und dem Blinden möglicherweise dadurch etwas passiert.
Achten Sie darauf, dass der Lotse den Blinden nicht ganz außen an den Hindernissen vorbeilotst. Er muss wirklich durch sie hindurch. Begrenzen Sie also den Rand, damit keiner trickst.

Lebende Bilder

Beschreibung der Übung: Vierer- bis Fünfer-Gruppen. Diese Gruppen haben in getrennten Räumen fünf Minuten Zeit, sich zwei „Bilder" zu einem Ereignis wie z.B. einer Hochzeit zu überlegen, und diese vier bis fünf Leute in Positionen zu stellen, die dieses stumme Bild darstellen könnten. Beispiel Hochzeit: Person A ist die Braut. Person B ist der Bräutigam. Beide knien vor Person C (dem Pfarrer), der die Hände wie zu einem Gebet gefaltet hat. Person D (die Brautmutter) steht hinter der Braut und weint lautlos.
Nach Ablauf der fünf Minuten kommen alle mit ihren „Bildern" zurück und müssen eine andere Gruppe – ohne zu

sprechen – als ihr Bild aufstellen. Beispiel: Gruppe X, die sich das Hochzeitsbild überlegt hat, stellt Gruppe Y in die Positionen der Braut, des Bräutigams, etc. Sobald das Bild gestellt ist, muss die Gruppe, die gestellt wurde (hier Gruppe Y), aus dieser Position heraus die Szene beginnen, von der sie denkt, dass es die ist, um die es sich handelt (d.h. in dem Fall die Hochzeit). Wenn Sie es beim ersten Mal noch nicht richtig machen, darf die Stellergruppe (in dem Fall Gruppe X) modifizierend eingreifen, um Gruppe Y noch deutlicher zu machen, worum es geht.
Anmerkung zur Durchführung der Übung: Je klarer und einfacher die Bilder sind, die sich die Gruppen überlegen, umso inspirierender ist es für die, die gestellt werden.

Klassische Improspiele

In den folgenden Kapiteln werden nun zum Abschluss noch einige klassische Impro-Bühnenspiele beschrieben. Sie lassen sich sehr gut am Ende eines Schwerpunktes und/oder am Ende eines Seminars einsetzen, da sie nur dann besonders gut funktionieren, wenn alle vier Schwerpunkte („Bleiben Sie locker, wenn etwas daneben geht", „Spielen Sie mit Ihrem Status", „Seien Sie im Hier und Jetzt", „Seien Sie wohlwollend und inspirieren Sie andere") beachtet werden.
Wichtig: Wenn die Spieler in einer Szene stecken bleiben, dann helfen Sie ihnen als Trainer, d.h. als eine Art Regisseur, von außen, indem Sie z.B.

- Sätze vorgeben, die die Szene vorantreiben

- sie am Abblocken von Angeboten von anderen hindern
- ihnen unterschiedliche Statusebenen vorgeben, um „talking heads" zu vermeiden, d.h. zwei Figuren im gleichen Status, die sich kaum bewegen und sich nur gegenseitig „zutexten"
- sie am planen hindern, etc.

Für diese Regieeinfälle braucht es ein bisschen Übung als Trainer. Sie sind aber wichtig, um den Teilnehmern, die die Spiele durchführen, Erfolgserlebnisse zu verschaffen. Von Vorteil ist es, wenn Sie als Trainer selbst einige Improerfahrung auf der Bühne und somit die vier Schwerpunkte (Bleiben Sie locker, wenn etwas daneben geht, etc.) verinnerlicht haben. Das hilft mir in Seminaren immer sehr, weil dadurch der Blick für die wesentlichen Dinge, auf die es beim Impro ankommt, geschärft ist.

Hinweis: Lassen Sie bei größeren Gruppen jede Übung ein bis zwei Mal als Demo vorführen und dann die Teilnehmer in Dreier- bis Vierer-Gruppen die Übung noch einmal machen. In diesen Kleingruppen ist es wichtig, dass es neben den Spielern mindestens einen Zuschauer gibt. Spieler und Zuschauer sollten, nachdem sie ein Spiel ca. zwei bis drei Minuten gespielt haben, im Uhrzeigersinn die Rollen tauschen und das nach zwei bis drei Minuten wiederholen, damit jeder (Spieler wie Zuschauer) einmal in jeder Rolle war.

Kauderwelsch-Übersetzung

Beschreibung der Übung: Zwei Personen sind auf der Bühne. Einer der Beiden spielt einen Experten aus einem fremden Land, der in seiner Landessprache, also im

Kauderwelsch, einen „Vortrag" über ein Thema hält, das das Publikum vorgibt (z.B. ein Fön für Affen). Der Andere übersetzt diesen improvisierten Vortrag Satz für Satz ins Deutsche, d.h. der Experte sagt einen Satz, dann übersetzt der Übersetzer diesen Satz, der Experte sagt wieder einen Satz, usw.

Hinweis: Ein schönes Bild gibt es, wenn der Experte derjenige ist, der etwas weiter vorne beim Publikum steht als der Übersetzer und sich körperlich viel bewegt. Der Übersetzer steht neben dem Experten, aber etwas nach hinten versetzt (so, dass er den Experten noch gut im Auge hat, aber dem Experten den Fokus gibt) und ist eher statisch (d.h. er redet ohne Hände und Füße). Beide sprechen zum Publikum hin und nicht miteinander.

Anmerkung zur Durchführung der Übung: Üben Sie mit den Teilnehmern vor der Übung das Kauderwelsch. Denn für manche ist das am Anfang ungewohnt und schwierig. Sie können Kauderwelsch mit folgender Vorübung trainieren: Verteilen Sie an die Teilnehmer je ein DIN A4 Blatt weißes Papier und einen Stift. Lassen Sie die Teilnehmer dieses Papier in vier etwa gleichgroße Rechtecke zerreißen. Lassen Sie nun die Teilnehmer auf jedes ihrer vier Rechtecke einen Satz in Kauderwelsch schreiben, z.B. „Ta resi si bauz benume toi" oder „Lemme tetz paraboli knau". Die Sätze sollten nicht in einer Sprache verfasst werden, die tatsächlich existiert, aber trotzdem wie eine Sprache klingen, also nicht „tatatat tututu titititit", o.ä. Wenn jeder Teilnehmer die vier Sätze aufgeschrieben hat, soll jeder seine vier Zettel mit vier Zetteln von anderen tauschen, so dass am Ende jeder vier neue Zettel in der Hand hat und nicht mehr die eigenen.

Anschließend holen Sie sich einen Freiwilligen nach vorne, setzen ihn auf einen Stuhl auf der Bühne und geben folgende Anweisung: Bei „Los!" kommt einer aus dem Auditorium (A) mit seinen Zetteln in der Hand nach vorne zu dem auf dem Stuhl sitzenden Freiwilligen (B) und liest ihm laut einen Kauderwelsch-Satz von einem seiner Zettel vor. B reagiert, indem er ebenfalls einen Satz von einem seiner Zettel erwidert. Dann gehen A und B zusammen zurück ins Plenum, und die nächste Person (C) setzt sich auf den Stuhl, und (D) kommt dazu, etc.
Nach ein paar Beispielen dieser Art sagen Sie, dass die Person, die auf dem Stuhl sitzt immer auf den Satz, der ihr von der Person, die dazukommt, vorgelesen wird, emotional reagieren soll. Beispiel: A kommt zu B (der auf dem Stuhl sitzt) und sagt „kla sili bau moderate benome!" B springt auf, fällt A um den Hals und sagt „Wede Wede. Tabel si potz." B kann auch anfangen zu weinen, zu lachen, auf die Knie fallen, etc. Anschließend gehen die Beiden gemeinsam zurück ins Plenum, und die Nächsten machen sich bereit, usw.
<u>Eine weitere Vorübung für Kauderwelsch:</u> Holen Sie sich ca. fünf Freiwillige nach vorne, die sich auf Stühle und auf den Boden setzen sollen, so dass sie wie eine Gruppe Freunde im Halbkreis sitzen. Die Teilnehmer im Plenum sollten sie von der Seite oder vorne sehen können (also nicht mit dem Rücken zum Plenum setzen lassen). Dann sagen Sie als Trainer, dass die Teilnehmer sich Witze im Kauderwelsch erzählen und so reagieren sollen, wie sie das bei echten Witzen auch tun würden, d.h. sie lachen

alle oder nur der, der den Witz erzählt, lacht oder einer fragt in Kauderwelsch nach, weil er die Pointe nicht verstanden hat, usw. Die anderen Teilnehmer beobachten. Sie können diese Übung mit zwei bis drei unterschiedlichen Gruppen vormachen lassen.
Dritte Kauderwelsch Vorübung: Alle stehen im Kreis. Eine beliebige Person A beginnt, indem sie einen Satz im Kauderwelsch zu einer beliebigen anderen Person B im Kreis sagt (sie macht durch Zeigen deutlich, wen sie als Ansprechpartner meint). B wiederholt den Kauderwelsch-Satz und übersetzt ihn. Dann sagt B einen neuen Kauderwelsch-Satz zu einer beliebig anderen Person C, usw.

Switch

Beschreibung der Übung: Zwei bis drei Personen werden aufgefordert, eine kurze Szene im Zweikanalton zu einem beliebigen Thema (kann vom Publikum vorgegeben werden) zu improvisieren. Sie beginnen auf Deutsch. Als Trainer rufen Sie immer wieder „Switch!“, und die Spieler müssen in dem Moment im Kauderwelsch weiterspielen, so lange, bis Sie wieder „Switch!“ rufen. Dann wechseln die Spieler wieder ins Deutsche, usw.
Anmerkung zur Durchführung der Übung: Diese Übung ist eine gute Alternative bzw. Ergänzung zu „Kauderwelsch-Übersetzung“. Um die Teilnehmer an Kauderwelsch zu gewöhnen, eignen sich deshalb auch hier gut die Vorübungen von „Kauderwelsch-Übersetzung“.

Gehörlosen-Übersetzer

Beschreibung der Übung: Drei Spieler. Ein Experte, ein Interviewer, ein „Dolmetscher". Der Interviewer befragt den Experten zu einem beliebigen Thema. Der Dolmetscher „übersetzt" das Interview (das auf Deutsch geführt wird) synchron mit seinem ganzen Körper in eine selbst ausgedachte „Gehörlosen-Sprache".

Anmerkung zur Durchführung der Übung: Als Vorübung können Sie an die Teilnehmer jeweils vier bis fünf leere Zettel verteilen und sie bitten, auf jeden Zettel einen Satz zu schreiben. Die Zettel werden von Ihnen eingesammelt. Dann holen Sie sich einen Freiwilligen nach vorne, bitten ihn darum, einen Zettel zu ziehen, ihn für sich durchzulesen und pantomimisch darzustellen, was auf dem Zettel steht. Die Teilnehmer im Plenum müssen erraten, was dargestellt wird.

Alternativ: Sie schreiben selbst solche Zettel zu Hause und bringen sie in das Seminar mit.

Stehen-Sitzen-Knien

Beschreibung der Übung: Drei Freiwillige sind auf der Bühne. Die Vorgabe ist, dass immer einer von ihnen stehen, einer sitzen und einer knien soll. Mit dieser Vorgabe improvisieren die drei eine kurze Szene.

Anmerkung zur Durchführung der Übung: Da die Freiwilligen manchmal während des Spiels die Regeln vergessen, ist es hier ganz wichtig, von außen zu helfen. Wenn z.B. zwei der Akteure stehen und einer kniet, rufen Sie laut: „Einer der Steher muss sich hinsetzen. Jetzt!"

Sagen Sie den Spielern auch, dass sie eine vernünftige Begründung dafür finden müssen, warum sie sich hinsetzen, hinknien oder hinstellen. Sie müssen die Bewegung irgendwie rechtfertigen. Meistens fällt ihnen das nicht schwer, weil aus der Bewegung heraus automatisch Ideen kommen. Beispiel: Fällt jemand auf die Knie vor einen anderen hin, könnte er sagen „Es tut mir so leid, dass ich Dich betrogen habe." Allerdings sollten die Rechtfertigungen nicht schematisch sein, sondern zur Szene passen.

10 Emos

Beschreibung der Übung: Zwei bis drei Personen spielen eine Szene zu einem beliebigen Thema. Der Trainer steht außen und gibt den Spielern abwechselnd immer wieder andere Gefühle vor, die er sich vorher aus dem Publikum geholt hat. Sobald sie ein anderes Gefühl bekommen, müssen die Spieler die Szene sofort in diesem neuen Gefühl weiterspielen.
Anmerkung zur Durchführung der Übung: Wenn die Spieler nicht richtig deutlich und körperlich in die Gefühle gehen, ermuntern Sie sie von außen. Sagen Sie ihnen, dass sie so übertrieben agieren sollen, dass es ihnen schon komisch vorkommt, weil es dann genau richtig ist.
Wie bei „Stehen, Sitzen, Knien" ist es auch hier wichtig, dass die Spieler, wenn sie in ein Gefühl gehen, rechtfertigen, warum sie das genau an dieser Stelle tun.
Auch hier bietet es sich an, Vorübungen zu machen, um Emotionen zu üben.
Nummer 1: Alle stehen neutral im Kreis (inkl. Trainer). Dann

werden alle immer trauriger (mit dem ganzen Körper), bis sie am Boden zerstört sind. Langsam werden alle anschließend immer glücklicher, bis sie total euphorisch sind.
Nummer 2: Alle laufen durch den Raum. Der Trainer sagt immer wieder verschiedene Gefühle an, in denen die Herumlaufenden weiterlaufen müssen.
Nummer 3: Sie bringen als Trainer Zettel mit, auf denen Gefühle stehen und/oder lassen von den Teilnehmern solche Zettel schreiben. Anschließend soll sich jeder Teilnehmer vier bis fünf Zettel nehmen und sich einen Partner suchen. Person A beginnt, guckt auf einen der Zettel, den er in der Hand hält (ohne ihn dem Partner B zu zeigen) und stellt B in eine Position, die das Gefühl ausdrückt, das auf dem Zettel steht. Wenn A denkt, er ist fertig, sagt er das B, und B muss nun raten, welches Gefühl gemeint ist. Rät er falsch, kann A nachkorrigieren, um es noch deutlicher zu machen. Nach der Aufklärung tauscht A mit B die Position (nun stellt B seinen Partner A in ein Gefühl). Lassen Sie die Übung ein paar Mal wiederholen, damit sowohl A als auch B mehrere Gefühle gespielt haben.
Nummer 4: Gefühlsstatuen mit Zuschauern, d.h. gleiche Übung in Dreier- bis Vierer-Paaren. A stellt B in eine Figur. C und D gucken zu und müssen raten, um welches Gefühl es sich handelt, wenn A fertig ist. Dann immer im Uhrzeigersinn durchtauschen.

Rollenwechsel

Beschreibung der Übung: Drei Spieler spielen eine improvisierte Szene zu einem beliebigen Thema. Irgendwann

ruft der Trainer: „Stopp! Rollenwechsel!“, und die Spieler müssen im Uhrzeigersinn in die Rolle ihres Nebenmannes springen und in dieser Rolle die Szene weiterspielen, so lange bis der Trainer wieder Rollenwechsel ruft.
Anmerkung zur Durchführung der Übung: Achten Sie darauf, dass die Spieler beim Rollenwechsel wirklich genau die Position ihres Nebenmannes einnehmen und wirklich genau an dieser Stelle weiterspielen. Rufen Sie ruhig häufiger „Rollenwechsel“, um die Spieler in Bewegung zu halten und am Nachdenken zu hindern.

Teamwechsel

Beschreibung der Übung: Zwei Teams à drei Spieler. Team A und B bekommen jeweils ein Genre aus Film und Fernsehen aus dem Publikum, z.B. Western und Ballett. Team A beginnt nun, in seinem Genre eine Szene zu einem beliebigen Thema zu improvisieren. Irgendwann ruft der Trainer von außen „Teamwechsel“, und die drei Spieler aus Team B übernehmen die Positionen der drei Spieler aus Team A und spielen in ihrem Genre die gleiche Szene weiter bis zum nächsten „Teamwechsel!“, usw.
Anmerkung zur Durchführung der Übung: Achten Sie darauf, dass in jedem Team gleich viele Männer und Frauen sind, die sich auch gegenseitig spielen. Es ist immer etwas störend, wenn Frauen beim Teamwechsel plötzlich Männer spielen und umgekehrt. Als Vorübung können Sie hier mit den Spielern ein paar Genres aus Film und Fernsehen üben (Bsp.: Western, Krimi, Horror, Musical, Ballett, Liebesfilm, Dokumentation, Reportage, Soap, Film Noir, Splatter, etc.).

Variation 1: Sie sammeln mit den Teilnehmern typische Merkmale zu verschiedenen Genres auf Flip-Charts. Die Flip-Charts hängen Sie nebeneinander an die Wand, damit die Teilnehmer kurz vor bzw. während des Spielens immer wieder einen Blick darauf werfen können.

Variation 2: Sie bringen vorbereitete Genrelisten mit, die die Spieler bei der Übung in der Hand halten und als Hilfsmittel benutzen dürfen. Wichtig ist dabei, dass sie jede Genreliste mindestens in dreifacher Ausführung dabei haben, da immer drei Spieler in der Szene ein Genre spielen.

Variation 3: Sie lassen die Teilnehmer in verschiedenen Figuren unterschiedlicher Genres durch den Raum laufen und Dinge tun. Beispiel Western: Alle laufen als John Wayne durch den Raum und schneiden in dieser Figur Brot, begrüßen die anderen in dieser Figur, etc.

Replay

Beschreibung der Übung: Zwei bis drei Spieler spielen eine neutrale improvisierte Szene zu einem beliebigen Thema (ca. zwei bis drei Minuten). Anschließend holen Sie den Spielern ein Genre aus Film und Fernsehen aus dem Publikum, z.B. Western, Horror oder Liebesfilm und lassen sie dieselbe Szene noch einmal in diesem Genre spielen. Danach holen Sie sich ein zweites Genre und lassen dieselbe Szene noch einmal in diesem zweiten Genre spielen.

Anmerkung zur Durchführung der Übung: Üben Sie mit den Teilnehmern verschiedene Genres, bevor Sie „Replay" spielen. Es eignen sich auch hier die Vorübungen, die bei „Teamwechsel" greifen.

Mit einer Stimme sprechen

Beschreibung der Übung: Holen Sie alle Teilnehmer auf die Bühne. Lassen Sie die Männer sich in einem Pulk auf der einen Seite der Bühne aufstellen und die Frauen auf der anderen. Nun verkünden Sie, dass die Männer zusammen ein Mann sind und die Frauen zusammen eine Frau, die beide in jeweils einer gemeinsamen Stimme sprechen müssen. Frau und Mann haben ihr erstes Date miteinander und improvisieren dazu einen kleine Szene. Die Frauen könnten z.B. gemeinsam sagen: „Hallooooo! Wie heißt du?" Der Mann könnte antworten: „Hhhhheeerrrrgggst!" Die Frauen könnten daraufhin fragen: „Waaaas?" Der Mann: „Herrrrmmmmannnn!" usw.
Variation: Die Teilnehmer gehen in Zweierpaaren zusammen und sprechen zu zweit in einer Stimme. Sie treffen auf andere Zweierpaare im Raum, mit denen sie versuchen, sich zu unterhalten.
Anmerkung zur Durchführung der Übung: Achten Sie darauf, dass kein Einzelner die Führung übernimmt. Die Worte sollten wirklich aus einem gemeinsamen Mund kommen. Je einfacher und offensichtlicher die Teilnehmer bleiben, desto leichter wird es.

Wort-für-Wort Experte

Beschreibung der Übung: Fünf Personen setzen sich auf die Bühne auf Stühlen dicht nebeneinander. Gesicht zum Publikum. Die Fünf bekommen die Vorgabe, dass sie eine Person sind, nämlich ein Experte, der Wort für Wort auf Fragen antwortet, die der Trainer und das Publikum stellen können. Das Thema, über das der Experte reden soll, kommt aus dem Publikum. Beispiel „Fliegende Taubeneier": Erste Frage durch Sie als Trainer: „Wie sind Sie auf das Thema ‚Fliegende Taubeneier' gekommen?" Antwort Experte Person 1: „Ich", Person 2: „war" Person 3: „in", Person 4: „der", Person 5: „Küche", Person 1: „und", Person 2: „habe", Person 3: „Eier", Person 4: „gekocht". Trainer: „Interessant. Und was ist dann passiert?" etc. Als Trainer zeigen Sie immer nacheinander auf die Person, die als nächstes dran ist. Das ist einfacher für die Beteiligten als wenn sie selbst darauf achten müssen.

Steigerung: Derjenige Expertenteil, der das erste Wort eines neuen Satzes sagt, initiiert zusätzlich eine Bewegung, die alle nachmachen müssen, z.B. Hände auf dem Schoß aufstützen, Arme vor dem Körper verschränken, etc.

Anmerkung zur Durchführung der Übung: Üben Sie das Prinzip des Wort-für-Wort vor der Expertenübung.

Mögliche Vorübung Nr. 1: Zwei Personen stehen vor- oder nebeneinander und erzählen eine Geschichte Wort für Wort, d.h. sie dürfen nicht mehr als ein Wort auf einmal sagen. Beispiel: A: „Ich", B: „bin", A: „ein", B: „Förster", etc.

Steigerung: Die Beiden haken sich unter, d.h. sie verschmelzen zu einer Person und erzählen sich nicht nur etwas, sondern spielen auch die Handlung, über die sie reden. Beispiel: „Ich" „gehe" „in" „den" „Wald". Die beiden tun das dann. Sie gehen los in den imaginären Wald, etc.

Puppen

Beschreibung der Übung: Zwei Spieler und zwei „Freiwillige" aus dem Publikum. Die Spieler sind Puppen, die zwar sprechen, aber sich nicht selbst bewegen können. Die „Freiwilligen" aus dem Publikum sind die Puppenführer, d.h. sie bewegen die beiden Spieler, dürfen aber nicht sprechen.

Anmerkung zur Durchführung der Übung: Sowohl Puppen als auch Puppenführer können sich gegenseitig Angebote machen, um sich zu unterstützen.

Beispiele:

- Wenn Puppe A mit Puppe B sprechen will, Puppe B aber in eine andere Richtung schaut, kann A sagen „Schau mich bitte an, wenn ich mit dir rede!" Damit erhält der Puppenführer von B den indirekten Hinweis „Dreh bitte den Kopf von B zu A, damit die Beiden miteinander sprechen können!"
- Auf der anderen Seite können die Puppenführer von selbst Bewegungen initiieren, auf die die Puppen mit Sprache reagieren müssen. Alles ist möglich.

ABC

Beschreibung der Übung: Zwei Spieler sind auf der Bühne. Spieler 1 beginnt eine Geschichte mit einem Satz, der mit dem Buchstaben A beginnt. Spieler 2 sagt den zweiten Satz der Geschichte, der mit dem Buchstaben B beginnen muss. Spieler A sagt daraufhin den nächsten Satz der Geschichte, der mit einem C beginnen muss, etc. Wenn einer der Spieler bei Z angekommen ist, sollte die Geschichte zu

Ende sein.
Anmerkung zur Durchführung der Übung: Manchmal vergessen die Spieler, bei welchem Buchstaben sie gerade sind. In dem Fall können Sie ihnen von außen helfen, indem Sie ihnen B oder F, o.ä. zuflüstern.

Synchro

Beschreibung der Übung: Vier Personen sind auf der Bühne. zwei der Beiden, die „Spieler", können sich nur bewegen, aber nicht sprechen, d.h. wenn sie etwas sagen möchten, dann bewegen sie nur ihren Mund, ohne dass dabei ein Wort herauskommt. Die Sprache liefern die anderen beiden, die sog. „Sprecher", die den „Spielern" die Worte in den Mund legen (jeweils einer für einen). Das kann auf zwei Arten geschehen: Entweder fangen die „Sprecher" einfach an zu sprechen, und die „Spieler" müssen darauf reagieren, indem sie ihren Mund dazu bewegen. Eine andere Möglichkeit ist, dass die „Spieler" irgendwann einfach ihren Mund öffnen, ohne etwas zu sagen und die „Sprecher" mit Sätzen reagieren, die sie den „Spielern" dann in den Mund legen.
Anmerkung zur Durchführung der Übung: Es empfiehlt sich, das Prinzip mit zwei Freiwilligen, d.h. einem „Spieler" und einem „Sprecher" kurz vor allen Teilnehmern üben zu lassen. Denn das Spiel funktioniert nur, wenn „Spieler" und „Sprecher" aufeinander achten. Der „Sprecher" sollte z.B. möglichst langsam reden. Denn dann kommt der „Spieler" mit den Mundbewegungen besser hinterher, und es sieht wirklich fast so aus, als würde die fremde Stimme aus

seinem Mund herauskommen. Um die Illusion nicht zu zerstören, ist es auch wichtig, dass der „Sprecher" den „Spieler" zwar sehen kann, aber doch so weit von ihm weg sitzt, dass die Zuschauer nicht nur auf den „Sprecher" gucken.

Dia-Show

Beschreibung der Übung: Vier Spieler stehen auf der Bühne mit dem Rücken zur Szene. Ein bis zwei weitere Spieler sitzen auf der Bühne am Rand. Sie beginnen die Szene, indem sie dem Publikum erzählen, dass sie gleich einen Diavortrag über ihren letzten Urlaub halten werden. Das Urlaubsland holen sie sich aus dem Publikum. Beispiel: Thailand. Der Erzähler könnte sagen: „Auf dem ersten Dia sehen wir, wie wir alle am Münchner Flughafen sind." Nun folgt ein lautes „Klick!" durch den Erzähler, verbunden mit einer imaginären Klick-Bewegung. Wenn eine richtige Bühne vorhanden ist, kann beim „Klick" das Licht kurz aus- und wieder angehen. Wenn das Licht wieder an ist, sollten die ein bis vier Spieler, die mit dem Rücken zur Szene standen, das Dia in eingefrorenen Positionen gestellt haben.
Wichtig: Es müssen nicht immer alle 1-4 Personen zusammen das Dia stellen. Manchmal reichen 1-2 Personen.
Anschließend beschreiben die beiden Erzähler, was auf dem Dia zu sehen ist, bis sie wieder „Klick!" rufen und das nächste Dia gestellt wird, usw. Wenn keine Möglichkeit besteht, das Licht an- und auszumachen, geht das Ganze auch komplett im Hellen. Wichtig ist nur, dass die Spieler das Dia schnell stellen, d.h. in höchstens ein paar Sekunden.

Anmerkung zur Durchführung der Übung: Für Anfänger empfiehlt es sich, zwei Erzähler zu nehmen, möglicherweise sogar einen Teilnehmer und den Trainer, der immer wieder unterstützende Fragen stellt, z.B. „Und was ist das da unten in der Ecke auf dem Dia?" oder: „Hast du das auch in Großaufnahme aufgenommen?" usw.
Wichtig ist, dass sowohl Erzähler als auch Spieler Angebote machen und aufeinander eingehen (selbst, wenn sie etwas anderes im Kopf hatten). Beispiel: Sagt der Erzähler „Auf dem nächsten Dia sehen wir die ganze Gruppe beim Surfen", könnten die Dia-Steller überraschenderweise einen Surf-Unfall stellen. Der Erzähler kann darauf wieder eingehen, indem er sagt: „Ja, da hat sich Susi überschätzt. Sie ist vom Brett gefallen, und wir mussten sie alle retten."

Reklamationsspiel

Beschreibung der Übung: Zwei Spieler. Spieler A verlässt den Raum. Spieler B bleibt auf der Bühne und vereinbart mit dem Publikum einen Gegenstand, den Spieler A gleich reklamieren soll, z.B. einen Hammer. Nun wird Spieler A wieder hereingeholt. A kommt zurück und bringt einen imaginären Gegenstand zurück, d.h. er zieht irgend etwas Großes hinter sich her, hat ein kleines Päckchen in der Hand, trägt etwas auf der Schulter, o.ä. Spieler B spielt den Verkäufer im Laden, der die Reklamation entgegennimmt. A muss im Verlauf des Gesprächs erraten, was er reklamiert. Beispiel: B hat mit dem Publikum vereinbart, dass A ein Wattestäbchen zurückbringen soll. A kommt zurück, zieht etwas Riesiges hinter sich her und sagt zu

B: „Das ist kaputt. Ich bringe es zurück." B, der sieht, dass das Ding, was A reinschleppt, viel zu groß für ein Wattestäbchen ist, kann z.B. sagen: „Oh, sie haben es gleich ordentlich verpackt, damit nicht noch mehr in die Brüche geht." A begreift, dass es was Kleineres sein muss und fängt an, etwas Kleineres aus der riesigen Kiste herauszuholen. B kann auch hier wieder helfen, indem er sagt: „In so viele Kisten haben Sie es gepackt. Sie sind ja sorgfältig." Dabei hilft er A beim Auspacken, bis das Ding so klein ist, dass es der Größe eines Wattestäbchens entspricht. A, der jetzt verstanden hat, dass es etwas sehr Kleines sein muss, kann ein neues Angebot machen, indem er z.B. sagt: „Ich habe es in die Steckdose gesteckt, und es hat nicht geleuchtet." B kann darauf reagieren, indem er sagt: „In die Steckdose? Warum das denn? Kein Wunder, dass es nicht funktioniert hat." usw. Das Spiel wird so lange gespielt, bis A erraten hat, was er reklamiert.
Anmerkung zur Durchführung der Übung: Üben Sie mit den Teilnehmern die Art und Weise, wie A und B sich gegenseitig helfen können, ohne zu offensichtlich zu werden. Nach ein paar Versuchen, werden die Spieler in der Regel immer besser.

Arm-Experte

Beschreibung der Übung: Drei Personen. Person A wird hinausgeschickt. Sie ist der Experte. Person B und C überlegen mit dem Publikum, was A Neues erfunden haben könnte. Sie holen sich dabei eine Erfindung, die es noch nicht gibt, z.B. eine Puppen-Anziehmaschine. Nun wird

A wieder hereingeholt, setzt sich auf einen Stuhl und verschränkt die Arme hinter seinem Rücken. B setzt sich hinter A auf einen weiteren Stuhl, streckt seine Arme unter den Achseln von A durch und spielt die Arme von A. C begrüßt den Experten A und stellt ihm Fragen zu seiner Erfindung. A muss im Verlaufe des Gesprächs mit Hilfe von B's Händen und C's Fragen erraten, was er erfunden hat.
Anmerkung zur Durchführung der Übung: Funktioniert ähnlich wie das „Reklamationsspiel". Wichtig ist, dass alle drei Spieler sehr stark aufeinander eingehen und B und C nicht zu schnell und offensichtlich verraten, um was es sich bei der Erfindung handelt.

Zettelspiel

Beschreibung der Übung: Alle Teilnehmer bekommen zwei bis drei kleine Zettel, auf die sie jeweils einen normalen Satz schreiben, z.B. „Das Wetter ist schön", oder „Peter liebt Anke". Diese Zettel falten sie zusammen und verteilen sie überall auf der Bühne. Nun werden zwei bis drei Spieler gewählt, die eine improvisierte Szene zu einem beliebigen Thema spielen sollen. Während sie spielen, heben sie immer wieder einen Zettel auf, lesen laut den Satz vor, der auf dem Zettel steht und bauen ihn in die Szene ein.
Anmerkung zur Durchführung der Übung: Einfach machen.

Freeze

Beschreibung der Übung: Zwei Personen beginnen eine Szene zu einem beliebigen Thema. Zwei bis drei Personen (oder mehr) beobachten die Szene von der Seite oder von hinten. Irgendwann ruft einer der Beobachter „Freeze!". Daraufhin „frieren" die beiden Spieler in der Position ein, in der sie sich gerade befinden. Der „Freeze"-Rufer geht in die Szene, klatscht einen der beiden eingefrorenen Spieler aus (indem er ihm auf die Schulter klopft), geht in dieselbe Position, in der dieser Spieler war und beginnt aus dieser Position heraus eine völlig neue Szene zu spielen und zwar solange, bis der nächste Beobachter „Freeze!" ruft und wieder einen der Spieler ausklatscht.

Anmerkung zur Durchführung der Übung: Bei Teilnehmern, die Freeze zum ersten Mal spielen, ist es sinnvoll, dass einer der Szenen-Beobachter mit dem Rücken zur Szene steht und der Trainer Freeze ruft, wenn das „Wer?", das „Wo?" und die Beziehung zwischen den beiden Spielern in der Szene klar sind. Beispiel: A: „Hallo Schatz!" B: „Oh, schön, dass Du mir beim Kuchen backen in der Küche hilfst." Beim „Freeze!" geht der Beobachter, der mit dem Rücken zur Szene stand, in die Szene. Auf diese Weise wird verhindert, dass der Beobachter planen kann, was er tun wird, sondern wirklich aus der Position heraus entscheidet, was als nächstes passiert.

Freeze kann lange und immer wieder gespielt werden. Die Teilnehmer werden auf diese Weise immer besser. Je besser die Spieler werden, desto länger können Szenen auch laufen gelassen werden, ohne, dass „Freeze!" gerufen wird.

Diese Übung ist eine Übung für Fortgeschrittene. Ich mache sie oft am Ende eines Seminars, wenn die Teilnehmer schon „warm gelaufen" sind. Trotzdem müssen Sie als Trainer bzw. Regisseur erfahrungsgemäß – gerade zu Beginn

– von außen sehr viel mit Regieanweisungen helfen, damit die Freeze-Spieler Erfolgserlebnisse haben.
Es empfiehlt sich auch, Vorübungen zu machen, um ein Gefühl dafür zu bekommen, aus einer Position heraus eine Szene zu spielen.
Vorübung Nr. 1: Alle laufen kreuz und quer durch den Raum (inkl. Ihnen als Trainer) und achten aufeinander, d.h. sie rempeln niemanden an, lächeln sich an, wenn sie sich sehen. Wichtig: Keiner spricht. Irgendwann fängt auf Ihr Kommando bei allen der rechte kleine Finger an zu zucken. Das Zucken geht in die rechte Hand über, dann in den rechten Arm und in das rechte Bein. Nun geht es über in den linken kleinen Finger, die linke Hand, den linken Arm, das linke Bein bis irgendwann alle sich komplett durchschüttelnd durch den Raum laufen. Dann rufen Sie als Trainer „Freeze!" und alle müssen in der Position „einfrieren", in der sie sich gerade befinden.
Sie gehen nun zu einzelnen hin und fragen sie: „Wer könntest du in dieser Position sein, und was könntest du machen?" Wenn einem Teilnehmer nichts einfällt, helfen Sie ihm. Sagen Sie den Teilnehmern, dass sie nicht beschreiben sollen, was sie sind und was sie tun, sondern es einfach spielen sollen. Beispiel: Einer steht mit in der Seite aufgestützten Armen und vorwurfsvollem Blick da. Er könnte sagen: „Du hast schon wieder eine sechs in Latein, Isabelle? Wo soll das denn hinführen?" Dabei könnte er die Hände langsam aus der Seite nehmen und mit dem Zeigefinger auf die imaginäre Tochter zeigen. Damit ist klar, dass er der Vater ist, der seine Tochter rügt, ohne dass er beschreiben muss, dass er jetzt hier vor seiner Tochter steht

und sie rügt. Danach wiederholen sie die Übung noch ein- oder zweimal.

Vorübung Nr. 2: Alle Teilnehmer gehen zu zweit zusammen. A beginnt und stellt B in irgendeine Position (ohne dabei einen Plan zu verfolgen und ohne B zu verletzen, also immer nach den anatomischen Möglichkeiten). Sobald B in der Position steht, lässt B diese Position kurz wirken und macht aus der Position heraus eine Bewegung und sagt einen Satz. Dann tauschen A und B die Rollen und B stellt A in eine neue Position, usw. Das Ganze kann oft wiederholt werden.

Wichtig: Bei allen Freeze-Übungen und Vorübungen gibt es immer ganz viele verschiedene Möglichkeiten, was man aus einer bestimmten Körperhaltung heraus machen kann. Wichtig ist nur, dass die Anfangskörperhaltung nicht komplett verneint und kaputt gemacht wird. Beispiel: Jemand steht mit beiden Händen nach oben gestreckt auf einer Stelle und guckt nach oben. Nicht im Sinne des Spiels wäre es, wenn er z.B. die Hände herunternimmt, sich auf einen Stuhl setzt und weint. Besser wäre, wenn er z.B. sagt: „Oh mein Gott. Ich würde so gerne zu Dir in den Himmel kommen." o.ä.

Fazit

So. Jetzt bin ich am Ende angelangt. Das Buch ist aus. Ich werde nichts mehr schreiben. Keinen einzigen Satz. Vorbei. Ende. Fertig. Schluss. Wirklich. Versprochen. Es heißt ja immer, man soll sich kurz fassen. Und das tue ich hiermit. Ich fasse mich ganz kurz und knapp. Schreibe kein überflüssiges Wort mehr...

...nichts mehr über Impro.

...auch nichts mehr darüber, welche Philosophie dahinter steckt, und warum die Tools dieser Theaterform nicht nur auf der Bühne sehr gut greifen, sondern überall dort, wo Menschen aufeinander treffen.

...und nicht darüber, dass Sie Impro in der Praxis ausprobieren sollten.

...und nicht darüber, dass Sie sich überraschen lassen sollten, ob und wie sich Ihr Lebensgefühl dadurch verändert.

...und auch nicht darüber, dass Impro Sie süchtig machen könnte, so wie es mich süchtig gemacht hat.

...und nicht darüber, dass Sie das Buch weiterschenken dürfen, wenn Sie mit Impro nichts anfangen können.

Nein. Über all das schreibe ich jetzt kein Wort mehr.

Die Autorin

© Jean-Marc Turmes

Dr. Charlotte Cordes (geb. 1975) hat in München Kommunikationswissenschaft, Markt- und Werbepsychologie und Amerikanistik studiert. Sie lebt mit ihrer zusammengewürfelten Patchwork- und Mehrgenerationenfamilie in München und arbeitet hauptberuflich als Trainer, Berater und Coach in der Institutsleitung des Deutschen Instituts für Provokative Therapie (DIP).

Seit 1998 beschäftigt sie sich mit Improvisationstheater und setzt die Techniken in Seminaren und auf der Bühne erfolgreich ein. Sie spielt selbst seit 1999 Improtheater. Seit 2014 bei Impro Goes Loose (www.improgoesloose.de). Sie singt außerdem seit 2011 bei dem Vokalensemble ‚Die Dachschrägen'.